| 光明社科文库 |

破茧与化蝶

中国工业化百年历程与经验启示

苏海舟◎著

光明日报出版社

图书在版编目（CIP）数据

破茧与化蝶：中国工业化百年历程与经验启示／苏
海舟著 . --北京：光明日报出版社，2023.5

ISBN 978 - 7 - 5194 - 7284 - 9

Ⅰ.①破… Ⅱ.①苏… Ⅲ.①工业化进程—研究—中
国 Ⅳ.①F424

中国国家版本馆 CIP 数据核字（2023）第 096160 号

破茧与化蝶：中国工业化百年历程与经验启示

POJIAN YU HUADIE：ZHONGGUO GONGYEHUA BAINIAN LICHENG YU
JINGYAN QISHI

著　者：苏海舟

责任编辑：刘兴华　　　　　　　　责任校对：宋　悦　贾　丹
封面设计：中联华文　　　　　　　责任印制：曹　净

出版发行：光明日报出版社
地　　址：北京市西城区永安路 106 号，100050
电　　话：010 - 63169890（咨询），010 - 63131930（邮购）
传　　真：010 - 63131930
网　　址：http：//book. gmw. cn
E - mail：gmrbcbs@ gmw. cn
法律顾问：北京市兰台律师事务所龚柳方律师

印　　刷：三河市华东印刷有限公司
装　　订：三河市华东印刷有限公司

本书如有破损、缺页、装订错误，请与本社联系调换，电话：010-63131930

开　　本：170mm×240mm
字　　数：174 千字　　　　　　　印　　张：13.5
版　　次：2023 年 5 月第 1 版　　　印　　次：2024 年 1 月第 1 次印刷
书　　号：ISBN 978 - 7 - 5194 - 7284 - 9
定　　价：85.00 元

导 言

翻开中国近现代史，可能最令中国人唏嘘不已的，就是 1894 年中日甲午战争的惨痛结局——大清帝国落得一个"有割奉天沿边及台湾一省，补兵饷二万万两，及通商苏杭，听机器、洋货流行内地，免其厘税等款，此外尚有缴械、献俘、迁民之说"① 的境地。中国的洋务运动与日本的明治维新大抵同期开展，历时三十余年，但为何最后的较量却是以中国惨败而告终？究其缘由，其中一条便是日本明治维新的工业近代化是由天皇诏令自上而下推进的，而中国洋务运动时期的工业近代化则是自下而上由地方大员推行的。前者有通盘考量与一系列保障政策，而后者只是地方洋务派官员各自为政并无统一规划。

按照当时的一般性经验，后起国家均将工业化作为一项系统工程来推进，既需要统一的政策与政令，也需要稳步的、持续的执行与实施。德国、沙俄、日本的成功经验皆归于此。1842 年魏源编著出版《海国图志》，提出了"师夷长技以制夷"的口号。"夷之长技"——欧洲工业化所造成的"船坚炮利"，让数百年来几乎停滞不前的中国领教了"19 世纪的意义和工业革命的无情力量"②。1862 年到 1874 年"同治中兴"时

---

① 汤志均.康有为政论集［M］.北京：中华书局，1998：154.
② 芮玛丽.同治中兴：中国保守主义的最后抵抗（1862—1874）［M］.房德邻，郑师渠，等译.北京：中国社会科学出版社，2002：335.

期，李鸿章上奏清廷，"中国欲自强，则莫如学习外国利器。……中国文武制度，事事远出西人之上，独火器万不能及。"① 以制造火器的军事工业为先导的"自强运动"掀开了中国历史上第一次国家工业化序幕。19 世纪 90 年代，以甲午战争失败为标志，洋务运动宣告失败，同治中兴昙花一现，近代中国的第一次国家工业化运动也随之夭折。但客观上，这场工业近代化造成了两个后果：一方面，近代工业在中国逐步兴办，为这个延续了数千年的农业国家注入了一个新的经济元素；另一方面，中国的维新派知识分子日益关注并重视工业化问题，进而逐步激发了追求实现国家工业化的热情。1897 年，梁启超评论道："中国之人耐劳苦而工价贱，它日必以工立国者也。"② 严复也说："百工之事，于国财有增进否？平而观之，必有所增，始无疑义。"③ 毫无疑问，相较于中国当时大部分的官僚与知识分子，这些维新派知识分子的认识不可谓不深刻。在他们看来，工业立国已经成为世界范围内的趋势，西方列强之所以能够在全球肆意发动战争进行资源掠夺，是因为他们率先推进了工业化。西方国家在全球的商业活动进一步刺激了工业化，工业化优势反过来又拓展了商业利益。因此，工业化能够促使国家变得富强。同时，他们也认为，虽然中国已经变得贫弱，但是工业化所需的必要基础在中国是完全具备的。他们的这些观点既引发了同时代的其他知识分子的思考，也影响了一批有进步意识的青年人。

对于中国的出路，孙中山曾经在工业的欧洲化与俄国化之间徘徊抉择。1917 年护法战争开始后，孙中山据守粤地，并有了统一中国的初步构想。1919 年，孙中山完成 *The International Development of China：A Project to Assist the Readjustment of Post-Bellum Industries* 的写作。这部中文

①《江苏巡抚李鸿章致总理衙门原函》，《筹办夷务始末》（同治朝）卷 25。
② 梁启超. 饮冰室合集·文集之一 [M]. 北京：中华书局，1989：70.
③ 亚当·斯密. 国富论 [M]. 严复，译. 北京：商务印书馆，1981：550.

版名为《实业计划》的著作对近代中国推进工业革命、全面实现工业化作了翔实的论述与总体规划。他指出，"予之计划，首先注重于铁路、道路之建设，运河、水道之修治，商港、市街之建设。盖此皆为实业之利器，非先有此种交通、运输、屯集之利器，虽全其（具）发展实业之要素，而亦无由发展也。其次则注重于移我（民）垦荒、冶铁、炼钢。盖农、矿二业，实为其他种种实业之母也。"① 在他看来，虽然农业为"实业之母"，但国家经济发展规划中最为核心的内容是工业化，他所构想的"平均地权""耕者有其田"的出发点也主要是为了国家工业化资本的筹措，即"但收地租一项，已成地球上最富的国"②。并且，他强调："此书为实业计划之大方针，为国家经济之大政策而已，至于实施之细密计划，必当再经一度专门名家之调查，科学实验之审定，乃可从事。"③ "惟发展之权，操之在我则存，操之在人则亡"④，可见，孙中山已经充分认识到了，中国若要不"成为列强政治、经济侵略之俎上肉"，就必须发展工业，完成工业革命和国家工业化的历史使命。国家工业化之实现需要进行系统的顶层设计，有计划有步骤地实施。并且，这个目标的实现建立在国家主权真正独立的基础之上。在20世纪30年代与1945年抗战胜利后，从外部环境上说，中国的工业化曾存有两次较好的发展时机，但蒋介石为了"剿共"与发动内战，大肆掠夺资源资产，使得中国的民族工业经济更加凋敝。1946年11月，南京国民政府与美国签订的《中美友好通商航海条约》。《解放日报》发表社评文章，"这是历史上最可耻的卖国条约，是蒋政府把中国作为

---

① 孙中山. 孙中山全集：第5卷［M］. 北京：中华书局，1986：134.
② 孙中山. 孙中山全集：第10卷［M］. 北京：中华书局，1986：555.
③ 孙中山. 实业计划（英汉对照）［M］. 北京：外语教学与研究出版社，2011：自序.
④ 孙中山. 孙中山选集：上卷［M］. 北京：人民出版社，1981：212.

美国附属国的重大标志之一。"① 条约实则使中国再次彻底丧失了国家经济主权，而空留政治主权的架子。

一般来说，"工业化"仅是一个经济学概念。"实现工业化"最通俗的定义就是工业产值占国民产值的比重超过50%。但对中国而言，在特定的历史时期，"国家工业化"这个词既具有一般的经济意义，也具有强烈的政治意义。1921 年后，中国共产党领导人对国家的未来进行过一系列的工业化展望，但大多限于思想认识与理论思考的浅层。至1949 年前，中国共产党在根据地实施过兴办工业的举措，但由于中国农村整体性的萧条与资源禀赋的匮乏，这种工业化大多是低级的、原始的。1949 年 10 月 1 日，中华人民共和国向世界宣告成立，中国共产党实现了国家在真正意义上的完全独立。"就整个来说，没有一个独立、自由、民主和统一的中国，不可能发展工业"②，这是毛泽东在 20 世纪40 年代就洞察到的真理。以政治主权与经济主权独立为保障，一场波澜壮阔的国家工业化进程才得以彻底的、全面的展开。毫无疑问，世界近代史给了中国共产党人一个重大的启示——那些落后的、传统的农业国纷纷倒在了西方殖民主义工业国的枪炮下。因此，在没有前例表明受压迫的、落后的传统农业国可以打败先进的现代工业国的情况下，那么，通过"工业化"战胜"工业化"成了唯一的路径选择。1950 年，受抗美援朝经历的启发与当时苏联工业化巨大成就的鼓舞，也为了体现社会主义制度的优越性，中国共产党确立了国家工业化战略，试图尽快改变落后的传统农业国的局面。毫无疑问，在国家长期落后、被动挨打的局面下，通过国家工业化战略将一个落后的农业国改造成一个先进的工业国，是中国共产党做出的正确选择。1952 年底，毛泽东提出"过

---

① 建党百年 | 党史上的今天 11 月 4 日中共抨击《中美友好通商航海条约》［R/OL］. 澎湃新闻社，2021-11-04.

② 毛泽东. 毛泽东选集：第 3 卷［M］. 北京：人民出版社，1991：1080.

渡时期总路线",以"一体两翼"为特征的国家工业化战略得以全面实施。2022 年 10 月习近平总书记在中共二十大报告中提出"到二〇三五年总体目标"——"基本实现新型工业化、信息化、城镇化、农业现代化",整个七十年间,中国的国家工业化以一种波澜壮阔的姿态在推进,其间虽然有过曲折的历程,但最终还是取得了举世瞩目的伟大成就。

"破茧化蝶"是一个寓意极为丰富的借喻。在破茧的那一刻,一个色彩斑斓、富有活力的生命的诞生,是最令人愉悦的一个过程。"蛹"与"蝶"是形态与实质上的蜕变。从旧事物到新事物,前者低级后者高级;"破"与"化"是蜕变过程的两种方式:蛹咬破厚厚的茧,需要坚毅与主动,久久能为功方实现"破除"旧状态的目标。蝶振翅,是羽化的结果,展示的是活力与斑斓。可以这样说,百年来,中国共产党为实现国家工业化进行了长期的思考与探索,并付出了巨大的努力与艰辛。国家工业化作为社会主义经济建设的主脉络,一直被中国共产党领导人一以贯之地坚守着,从未动摇。进入社会主义新时代,在习近平总书记的领导下,国家"新型工业化"战略在很多层面都有了前所未有的新思维、新举措。随着一些系列新思维新政策的提出与实践,中国新型工业化正以更加波澜壮阔、更加恢宏的姿态行进。

目 录
CONTENTS

第一章　新民主主义革命时期中国共产党对工业化的认知与思考······ 1

一、积贫的国度与民族工业的两次"良机" ················· 3

二、中国共产党领导人对工业化的初步认知与思考 ········· 11

三、中央苏区时期初步实践与陕甘宁时期再思考、再实践 ······· 19

四、新民主主义经济纲领与解放区的工业发展状况 ············· 28

第二章　社会主义革命与建设时期国家工业化战略的形成与实施 ··· 39

一、国民经济恢复时期的工业经济重建 ················· 41

二、抗美援朝的启示与重工业优先战略的形成 ··········· 50

三、社会主义改造、计划经济体制建立与国家工业化全面推进 ··· 60

四、工业化赶超战略及其曲折实践 ················· 70

第三章　改革开放和社会主义现代化建设新时期工业化思路及其效果

················· 83

一、改革开放与城市工业化、农村工业化 ············· 86

二、从计划经济到市场经济的转变与国家工业化战略新变化 ····· 97

三、新型工业化的提出与全面推进 …………………………… 106

四、新发展理念与制造业核心竞争力 ………………………… 119

第四章　中国特色社会主义新时代推进新型工业化思路与蓝图 …… 130

一、百年未有之大变局与新型工业化战略升级 ……………… 133

二、制造业高质量发展与新发展格局 ………………………… 143

三、基本实现新型工业化与基本实现现代化 ………………… 153

四、中国式现代化与百年强国夙愿的实现 …………………… 163

总　结　关于中国共产党推进工业化战略的经验与启示 ………… 173

参考文献 …………………………………………………………… 185

第一章

新民主主义革命时期中国共产党
对工业化的认知与思考

　　1919 年五四运动后，中国工人阶级在意识上开始觉醒，逐步转变为一个自为的阶级，并以独立的姿态登上了政治舞台。在党的早期宣传组织活动中，深入工人群体，组织并教育他们成为主要任务。与此同时，1920 年前后，中国共产党早期领导人基本上都将资本主义与工业化直接画了等号，并由此展开了一系列理论性的思考。1922 年中共二大对世界与中国的形势做了详尽的分析，二大政治宣言提出，"铲除私有财产制度，渐次达到一个共产主义的社会"①。按照马克思的论述，共产主义是接续资本主义的一种高级社会形态，那么很显然，其间已经隐含了关于工业化程度不断加深的逻辑。

　　土地革命时期，在星火燎原的广大的农村根据地，中国共产党开始在真正意义上于经济领域进行实践与探索。面对农村落后的自然经济的状态，虽然中国共产党领导人对发展手工业与商业有了初步认识，但对工业化问题的认识依然只局限于理论与思考层面。1931 年 11 月中华苏维埃共和国临时中央政府在瑞金宣告成立。1933 年秋，中央苏区达到

---

① 中共中央党史研究室，中央档案馆．中国共产党第二次全国代表大会档案文献选编 [M]．北京：中共党史出版社，2014：9.

鼎盛时期，面积约 5 万平方千米、县城 15 座、辖内人口 250 余万。[①] 临时中央政府先后召开两次会议强调经济工作的重要性，要求各级政府的领导应当消除"没有闲工夫去做经济建设工作""等到战争胜利了才能进行经济建设"的错误认识。[②] 尽管此时的中国共产党接触的依然是县级的初级工业与传统手工业，但是毫无疑问，其关于工业化的认知与实践正在逐步地深入。1937—1949 年陕甘宁边区政府时期，中国共产党的领导人对于工业化的认识更加全面，思考也更加深入了。尤其是在1945 年后，随着解放区的不断扩大，区域内的初级工业企业数量逐步增加。1946 年 4 月，哈尔滨获得解放，成为中国共产党控制的首个大城市。辽沈战役后，随着解放战争局面的日益明朗，哈尔滨在日伪时期建立的相对雄厚的工业基础的重要性也日益提升，因此，中国共产党的领导人开始逐步深入地思考整体性的国家工业化问题。

1940 年 1 月，毛泽东在《新民主主义论》中就未来中国的国家制度与前途等问题做了系统的回答。1945 年中共七大，在《论联合政府》的政治报告中，毛泽东进一步系统构想了国家的未来政治框架。1947 年 12 月，他又在《目前形势和我们的任务》的讲话中，明确了新民主主义经济纲领是："没收封建阶级的土地归农民所有，没收蒋介石、宋子文、孔祥熙、陈立夫为首的垄断资本归新民主主义的国家所有，保护民族工商业。"[③] 1948 年 4 月，毛泽东在晋绥干部会议上的讲话完整阐述了"新民主主义革命路线"。他指出："新民主主义的革命，不是任何别的革命，它只能是和必须是无产阶级领导的，人民

---

① 关于中央苏区鼎盛时期的情况，一说"控制面积约 8.4 万平方千米，21 座县城，人口 453 万"。因数据皆为粗算，故就低不就高更为合理。

② 毛泽东. 毛泽东选集：第 1 卷 [M]. 北京：人民出版社，1991：130-131.

③ 毛泽东. 毛泽东选集：第 4 卷 [M]. 北京：人民出版社，1991：1253.

大众的，反对帝国主义、封建主义和官僚资本主义的革命。"① 这一系列的重要著作为新中国成立后的国家工业化构想奠定了初步的思想基础与政策意向。

综而观之，1927 年"大革命"失败之前，中国共产党的领导人更多的是从理论层面来思考与探讨国家工业化的问题。到了土地革命时期，在区域执政阶段后，经济工作成为中国共产党的工作的重要内容，同时也使得党在渐次接触传统手工业、初级工业、大工业的过程中，对国家工业化问题有了更深刻的认识、理解与实践。1949 年 10 月中华人民共和国成立，国家主权彻底获得独立，人民彻底获得解放。中国共产党才从真正意义上获得了全面推进国家工业化的必要政治与经济基础，也由此开启了通过国家工业化战略实现国家富强的伟大征程。

一、积贫的国度与民族工业的两次"良机"

鸦片战争前后，中国社会的经济结构依然保持着传统农业生产状态。1851 年太平天国运动爆发后，中国农村的生产力与生产状况均遭到严重的破坏。一方面，农村的劳动生产率出现下降趋势。在耕地数处于上升的状况下，亩产总数却在逐步减少。另一方面，数据显示，当时农户粮食产品仅以维持日常生计为主，可以提供给社会的粮食数每户仅50 斤，约计乾隆时期的一成左右。② 加之，农民身上的各种赋税已大大超出了其收入所得，不堪重负。自 1887 年，农民田赋占清财政收入的比

---

① 毛泽东. 毛泽东选集：第 4 卷 [M]. 北京：人民出版社，1991：1313.
② 郭松义. 明清时期的粮食生产与农民生活水平 [M] //陈祖武. 中国社会科学院历史研究所集刊：第 1 集. 北京：社会科学文献出版社，2001：235.

重逐年提高，至 1894 年占比超过四成。1894 年，主要摊派在农民身上的杂项收入占财政收入的比重达到 17.23%，为自 1885 年来十年间的最高值。①

自 1842 年南京条约至 1901 年辛丑条约，粗略统计，清政府累计对外各种战争赔款额高达 13 亿两白银左右，折合人均 3 两左右。彼时，中国农民家庭维持生计的开支大约是每年每人 5 两白银。② 单以收入与支出比较，"单丁尚可敷用，有家口者即难度活"③。大量的赔款导致国家财政极度透支，"库贮都久形空匮，地方财政面临瓦解"，④ 并最终转嫁至农民头上。马克思评论说："中国在 1840 年战争失败后，被迫付给英国的赔款，大量的非生产性的鸦片消费，鸦片贸易所引起的金银外流。外国竞争对本国生产的破坏，国家行政机关的腐化，这一切就造成了两个后果：旧税捐更重更难负担，此外又加上了新税捐。"⑤ 同时，巨额赔款又进一步转换为了大量的对外举债，"从 1861 年到 1865 年间，苏、浙、闽、粤等省先后向英、美各国洋商举借过十二笔外债，总额 1 878 620 万两。"⑥ 这一局面使国家的经济主权几近沦丧，国家积贫状态日渐加重（表 1-1）。

---

① 周育民. 19 世纪 60—90 年代清朝财政结构的变化［J］. 上海：上海师范大学学报（社会科学版），2000（4）.

② 但湘良：《湖南苗防屯政考》卷六。

③ 傅鼐：《禀办均田屯守酌议章程三十四条折》。

④ 付志宇，缪德纲. 太平天国运动时期清政府财政危机与财政对策探析［J］. 贵州社会科学，2007（9）.

⑤ 中共中央马克思恩格斯列宁斯大林著作编译局编译. 马克思恩格斯选集：第 1 卷［M］. 北京：人民出版社，2012：780.

⑥ 付志宇，缪德纲. 太平天国运动时期清政府财政危机与财政对策探析［J］. 贵州社会科学，2007（9）.

表 1-1 明清各时期农民平均生活水平估算①

	人口数（万人）	粮农并家口数（万人）	耕地数（万亩）	良粮田数（万亩）	粮农及家口平均拥有土地数（亩）	平均亩产（斤）	粮农及家口平均拥有毛粮数（斤）	扣除成本加工后的人均粮食数（斤）	除口粮外可向社会提供的粮食数（斤）
明万历	12 000	9720	71 551.1	66 075.4	6.8	256	1741	808	458
清乾隆中	20 000	17 000	103 610.9	93 249.8	5.5	310	1705	791	441
清嘉庆中	35 000	29 750	105 043.6	94 460.5	3.2	319	1021	474	121
清末期	40 000	34 000	112 596.0	101 336.4	3.0	287	861	400	50

从同治中兴时期的工业近代化情况看，军事工业与民用工业先后创办。以 1890 年张之洞在湖北创办的汉阳铁厂为例，按张之洞的说法，其目的在于"自法人启衅以来，历考多处战事，非将帅之不力，兵勇之不多，亦非中国之力不能制外洋，所以不免受制于敌者，实因水师之无人，枪弹之不具。……兹虽款局已定，而痛定思痛，宜作卧薪尝胆之思，及今不图，更将何待？"② 然而纵观汉阳铁厂的命途，实乃中国工业近代化历程的缩影。"这个企业在当时，不仅是武汉地区和全中国规模最大的钢铁联合企业，而且在远东和全世界，也是数一数二的大企业，比日本 1941 年兴办的八幡制铁所规模要大得多。"③ 奈何命运多舛，汉阳铁厂虽曾被西方视为中国觉醒之标志，但在国家贫弱、民族资本实力不济的情况下，一度为德、日、比等国资本所控制。洋务运动行进凡三十余年，在中国建立起的诸多近代化工业要么与西方资本有千丝万缕的关系，要么完全受制于人。1895 年，梁启超在《上今上皇帝书》

---

① 郭松义. 明清时期的粮食生产与农民生活水平 [M] // 陈祖武. 中国社会科学院历史研究所集刊：第 1 集. 北京：社会科学文献出版社，2001：237.
② 张之洞. 张文襄公全集：卷十一 [M]. 北京：中国书店，1990：16.
③ 于智伟. 张之洞近代工业"大帅" [J]. 现代工业经济和信息化，2012 (12).

中痛陈弊相，"技艺不能日新，制作不能日富，机器不能日精，用器兵器，皆多窳败，徒使洋货流行，而禁吾民制造，是自蹙其国也。"[①] 他认为，徒有机器设备，而在工业化意识、管理与人才都跟不上的前提下，最终的结局就只能是国家耗费巨资而徒劳无益的。据此而论，在国家积弱、意志并不坚决的前提下，要想取得工业化的成功就如同"天方夜谭"。1903 年（光绪二十九年），清政府财政收入与财政支出分别为10 492万两、13 492 万两，收支相抵后亏空高达 3000 万两，财政赤字总额较 1901 年庚子赔款前增加 1 倍以上，1910 年（宣统二年）的财政赤字情况进一步加剧，达到 1901 年前的三倍以上。[②] 数据还显示，1908 年清政府财政收入 2.37 亿两，财政预决算为收入 3.02 亿两，而实际收支则高达 3.5 亿两以上。[③] 据此可以推断，在国家财政实力被严重消耗的局面下，当时所谓的工业近代化实则是被迫卷入西方资本主义体系中的。

民国初年，中国人民的生活水平与社会生产力水平依然低下。如遇灾年或战乱，农村普遍处于"食不果腹""衣不蔽体"的状态，与清朝末年无异；近代工业基本上受西方资本控制的局面亦未有改观。总之，北洋政府统治时期，国家贫弱之局面几乎无变化。1913—1925 年的十多年间，财政收支几乎长期处于亏空，且财政支出的大部分皆用于"抵拨军费及截流"。另据北洋政府统治时期关税收入的主要支用去向看，关税收入中最高年份达到七成以上（1925 年为 73.5%）用于外债支出，内债支出占关税收入的比重为 24.1%，内外债合计比重高达97.6%。[④] 而实际上，所谓的内债依然是由西方列强操纵的所谓的"中国内债基金保管权"。简言之，当时国家财政最重要的来源——关税收

① 汤志均. 康有为政论集 [M]. 北京：中华书局，1998：78.
② 刘锦藻. 清朝续文献通考：卷六十八 [M]. 北京：商务印书馆，1955：8249.
③ 加藤繁. 清朝后期的财政 [M] //加藤繁. 中国经济史考证：卷三. 台北：台湾华世出版社，1981：78.
④ 汪敬虞. 中国近代经济史（1895—1927）[M]. 北京：人民出版社，2000：1398.

入，其实都用来还债了。而北洋政府所能由自己掌控的关税收入，平均仅占关税收入的5.7%（表1-2）。

表1-2 民国初期若干年度北洋军阀政府财政盈亏情况①

年度	岁出总额（百万元）		公债及解款除外的岁入总额（百万元）	预算盈（+）亏（-）（百万元）	
	数额	指数		总数	占岁出总额的百分比
1913	642.2	—	333.9	-308.3	48.0%
1914	357.0	100	357.4	0.4	0.1%
1916	472.8	132	432.3	-40.5	9.0%
1919	495.8	138	439.5	-56.3	11.0%
1925	634.4	178	461.6	-172.8	27.0%

1914—1918年的第一次世界大战期间，欧美各国忙于互相厮杀而无暇顾及远东地区，"而且外国资本家初到中国的时候，就不能独立经营，只好借助中国商人和雇用中国账房、买办、经纪人之类，做掠夺勾当的中间物。这么一来，中国资产阶级就渐渐完成他们的初步积累阶段。大战期间，欧美商品不能顾及中国，日本商品又遭抵制，遂造成中国资本家发展的最好机会，如是中国资本主义也渐渐在扬子江流域一带兴旺起来了。"② 因此，中国民族资本主义工商业获得了第一次短暂的发展"良机"。由于欧洲国家在大战中劳动力数量锐减，工业生产能力严重不足，继而导致从中国进口各类产品的数量大增，因此，中国资本主义工业受到了极大的刺激，并得以快速发展。"据农商部统计，1919—1923年民族资本新设公司757家，平均每年151.4家，其中1921

① 杨荫溥. 民国财政史［M］. 北京：中国财政经济出版社，1985：3.
② 中共中央党史研究室，中央档案馆. 中国共产党第二次全国代表大会档案文献选编［M］. 北京：中共党史出版社，2012：8.

年新设者 182 家。其后五卅运动继续抵制外货，民族资本工业持续发展，据农商部统计，1924—1927 年民族资本新设的公司有 372 家，平均每年有 93 家。"① 就行业而言，纺织业与面粉加工业发展尤为迅速。1919 年，纱锭总数华厂占 53.7%，外厂占 46.3%；线锭总数华厂占 88.7%，外厂占 11.3%；1920 年，中国面粉制造企业数由 1915 年的 4 家增至 12 家，其中日资 4 家、中日合资 8 家。但客观上说，华厂的生产规模与资本规模均无法与欧美日在华工厂相抗衡。1919 年，中国棉纺织业新式工厂的资本总额 46 128 000 元，平均每厂资本只有 578 000 元，在面粉业中新式工厂的资本总额只有 13 710 000 元，平均每厂资本只有221 000元。② 1918 年，投资万元以下的企业占企业总数的 40%，1 万元至 5 万元的约占 29%，百万元的只占 3%。③ 可以这样说，单以数据来看，在第一次世界大战期间，中国的民族资本主义工业确实迎来了一个黄金时期，但是"当我们提到中国民族资本主义工业的发展时，并不是说在这一时期内一切工业部门都有了全面发展；我们所指的是轻工业，至于重工业，那就根本谈不到有什么发展。"④ 1918 年，在轮船航运业，外国船只占总吨位的 77.1%；1919 年的全国煤矿总产量中，西方帝国主义资本占 75.6%，中国民族资本仅占 5.3%；在 1926 年前，中国的生铁制造业几乎全部由西方帝国主义资本控制。⑤ 因此，斯大林也评论说，"帝国主义在中国的统治，不仅表现在它的军事威力上，而且首先表现在中国工业的命脉即铁路、工厂、矿山、银行等都处在外国

---

① 张玉法. 中华民国史稿 [M]. 修订版. 台北：联经出版社，2000：131-132.
② 严中平，等. 中国近代经济史统计资料选辑 [M]. 北京：科学出版社，1955：137.
③ 龚骏. 中国新工业发展史大纲 [M]. 北京：商务印书馆，1933：115.
④ 鼎勋. 第一次世界大战期间中国民族资本主义的发展（1914 年—1922 年）[J]. 历史教学，1959（8）：24.
⑤ 严中平，等. 中国近代经济史统计资料选辑 [M]. 北京：科学出版社，1955：221，154，127.

帝国主义者支配或控制之下。"[1]

历史没有假如，但又不妨碍假如。假如 1924 年 1 月后的国共合作能够持续下去，国民党政府能够坚持"联俄联共扶助农工"三大政策，国家独立、民族解放或许会迎来更早的曙光，中国的工业化进程也或许会大大提前。1927 年 7 月，蒋介石背叛革命，轰轰烈烈的"大革命"归于失败。在 1927—1937 年整个十年间，原本是世界范围内后起国家迅速推进工业化的较好时期，但蒋介石一意"剿共"并为了维护其独裁地位，逐步形成了官僚资本与西方帝国主义资本勾结的局面，中国的民族工业资本被迫在夹缝中求生存。在此期间，国民党政府治下的中国财政状况并无太多起色，依然维持"收不如支"的状态。1928—1933年，财政亏损数额总体保持在 13%—20% 之间。1934 年、1935 年、1936 年，财政亏损数额急剧增加，最高达到 8 亿元左右，占财政实际支出的 61.6%，是比重最低年份的 11 倍左右。财政亏损额的扩大根本原因在军费开支的急剧增长，而军费的来源依赖于举债。由此可见，军费和债务构成了国民党政府财政支出的绝大部分。1927 年，军费开支占财政实际支出的比重高达 87.0%，债务占比为 1.1%。1930—1933年，军费比例大约维持在 40%—50%，债务比例则大约维持在 26%—35%，两项合计占财政实际支出的比重为 66%—85%。[2] 前者是蒋介石在背叛大革命之后，为了继续实施北伐而向西方帝国主义借款购买军备及扩充军队所致，后者显然则是蒋介石为了"剿共"，而不顾国民经济状况举债购买军火等因素导致的（表 1-3）。

---

① 中共中央马克思恩格斯列宁斯大林著作编译局编译．斯大林选集：上 [M]．北京：人民出版社，1979：484.

② 杨荫溥．民国财政史 [M]．北京：中国财政经济出版社，1985：70.

表1-3　1927—1936年国民党政府财政收支情况①（单位：百万元）

年度	实际支出数	实际收入数（债款除外）	亏损数	
			数额	占实际支出比重
1927	150.8	77.3	73.5	48.7%
1928	412.6	332.5	80.1	19.4%
1929	539.0	438.1	100.9	18.7%
1930	714.4	497.8	216.6	30.3%
1931	683.0	553.0	130.0	19.0%
1932	644.8	559.3	85.5	13.3%
1933	769.1	621.7	147.4	19.2%
1934	1203.6	638.2	565.4	46.9%
1935	1336.9	513.2	823.7	61.6%
1936	1894.0	1293.3	600.7	31.7%

　　1931年九一八事变后，日本帝国主义侵占中国东北地区。1937年7月，日本帝国主义发动全面侵华战争。按照调查数据，在1937—1945年计算，日本帝国主义侵华对中国人民造成巨大创伤，军民伤亡超过3500万，以1937年币值计算，直接经济损失超过1000亿美元、间接经济损失超过5000亿美元。② 这使中国原本正以缓慢姿态推进的工业化进程被迫中断。1945年8月，世界反法西斯战争与中华民族抗日战争获得了彻底的胜利，客观上说，历史又给了中国一次工业化的"良机"。然而蒋介石独裁政府重蹈覆辙，破坏第二次国共合作的良好局面，悍然发动内战。一方面，调集国家一切资源壮大国民党军事力量，

---

① 杨荫溥. 民国财政史［M］. 北京：中国财政经济出版社，1985：43.
② 徐豪. 历时10年60万人参与抗战损失大调查［J］. 中国经济周刊，2015（34）.

用于发动内战；另一方面，与美国签订《中美友好通商航海条约》①，以出卖国家与民族经济利益为交换，向美国大规模举债，换取美国的军事物资。毛泽东曾一针见血地评价国民党统治下的国家经济状况，"在国民党政府统治之下，一切依赖外国，它的财政经济政策是破坏人民的一切经济生活的。国民党统治区内仅有的一点小型工业，也不能不处于大部分破产的状态中。政治不改革，一切生产力都遭到破坏的命运，农业如此，工业也是如此。"② 内战爆发后，中国的工业化进程再度中断。后来的事实证明，"在新民主主义革命取得胜利和社会主义制度建立之前，中国可以发展一点工业，但不可能实现工业化。"③

二、中国共产党领导人对工业化的初步认知与思考

20 世纪 20 年代前后，中国的马克思主义者在完成了文化问题争辩后，开始逐步转向对未来国家形态与经济结构的思考。在中国共产党早期领导人中，李大钊是较早思考工业化问题的。1920 年，他在《新青年》发表了题为《由经济上解释中国近代思想变动的原因》的文章。他指出，"到了近世，科学日见昌明，机械发明的结果，促起了工业革命。交通机关日益发达，产业规模日益宏大，他们一方不能不扩张市场，一方不能不蒐求原料，这种经济上的需要，驱着西洋的商人，来叩东洋沉静的大门。"④ 他比较日本成功与中国失败的原因所在，认为虽

---

① 陶文钊. 1946 年《中美商约》：战后美国对华政策中经济因素个案研究 [J]. 近代史研究, 1993 (2).

② 毛泽东. 毛泽东选集：第 3 卷 [M]. 北京：人民出版社，1991：1080.

③ 刘戒骄，孙琴. 中国工业化百年回顾与展望：中国共产党的工业化战略 [J]. 中国经济学人（英文版），2021, 16 (5).

④ 李大钊. 李大钊全集：第 3 卷 [M]. 北京：人民出版社，2006：145.

然同属于传统农业国，但是日本"国小地薄，人口又多，担不住这种压迫，首先发起了变动，促成明治维新，采用了西洋的物质文明，产业上起了革命——如今还正在革命中——由农业国一变而为工业国，不但可以自保，近来且有与欧美各国并驾齐驱的势力了"，而中国"把全国沿海的重要通商口岸都租借给人，割让给人了，关税、铁路等等权力，也都归了人家的掌握"①。从上述论述中，可以清晰地反映出李大钊高度赞同工业化是强国路径的观点。他认为，欧美列强之所以能够侵略中国，关键在于工业革命、科技进步起到了壮大资本主义的作用。但是在后来的文章中，他认为，资本主义制度无法提供实现中国工业化的条件，即便是中国工业在资本主义制度下有所发展，也不过是列强的附属物，因此，他率先提出了借鉴苏俄工业化模式与经验的想法，认为中国未来可以通过社会主义形态来推动并实现国家工业化。② 总结来说，一方面，李大钊认为，工业化是摆脱国家贫困局面的唯一途径，日本与苏俄即为例证；另一方面，他又明确指出，国家主权的独立是保障工业化进程的首要前提。毋庸置疑，李大钊关于工业化的思考是非常全面且深刻的，这自然与他的经济学专业背景有莫大的关联。对于陈独秀而言，虽然他并不擅长研究经济领域的问题，但是第一次世界大战暴露的资本主义弊端使其进一步审视原本的寻求中国"欧化"的观点。他认为，资本主义的贪婪本性导致为了掠夺资源而不惜发动战争，已是"罪恶滔天"。因此，对于未来中国而言，必须"借助了西方资本主义兴衰的这面镜子"，"扬长避短发展本国工业"③。在成为马克思主义者后，陈独秀认为，可以利用社会主义制度先进性来避免重蹈资本主义的覆辙。他说："中国必须发展工业，但同时必须使重要的工业都是社会主义

① 李大钊．李大钊全集：第 3 卷 [M]．北京：人民出版社，2006：144-146.
② 吴起民．李大钊对中国社会主义工业化问题的理论探索 [J]．北京党史，2022 (1).
③ 方晓敏．陈独秀经济思想之轮廓 [J]．安徽史学，1997 (5).

的，不是私人的，如此中国底改革才得到西洋工业的长处，免得他们那样由资本主义造成经济危殆的短处。"① 1921 年 8 月，在与区声白讨论无政府主义的时候，陈独秀认为，"这种不幸的事就是资本主义之下的生产或他种团体也是有的……。但是我们要晓得，这不是产业界的好现象。……照这样常常纷乱起来，大规模的生产团体里，一日之内不知有多少事务，一日之内便不知有多少人退出，多少人加入。在事务和技术的经验上、熟练上、秩序上看起来，非闹到由停顿而破产不止。我所以说无政府主义完全不适用于经济方面。"② 陈独秀对于无政府主义的批驳实际上从侧面表明，大规模工业生产需要有组织地开展，既包括技术事务的组织，也包括生产秩序的组织。1938 年 4 月，尽管此时的陈独秀已经被开除出党近十年，但在《政论》旬刊第一卷第九期发表的《抗战与建国》一文中，许多观点既是他多年深入思考的集中体现，又有着与之前一贯的坚持。一方面，他充分认识到抗战过程中中华民族所面临的"敌强我弱"严峻局面——"因工业不发展而民族野心不高昂，影响到抗战如此之大，至于军器、军事技术和交通工具之贫乏，更是铁一般的事实摆在我们的面前。"③ 另一方面，他强调必须通过工业化来摆脱国家贫困的局面。唯有发展工业使得国家强盛，方能维护国家独立、保障民众权利。"为什么要发展工业？因为非如此不能增高国家物质的力量和提高人民生活与文化，以减杀整个民族文化方面的落后性。"④ 并且，他依然坚持必须由社会主义来主导并推进中国工业化进程的观点。他认为，"中国国民革命成功后的经济建设，在主观上在客观上，都不必采用私人资本主义为全社会主要的生产制度，而可以采用

---

① 陈独秀. 陈独秀文章选编：中册 [M]. 北京：三联书店，1984：50.
② 中共中央文献研究室. 建党以来重要文献选编（1921—1949）：第一册 [M]. 北京：中央文献出版社，2011：25.
③ 陈独秀. 陈独秀著作选编：第 3 卷 [M]. 上海：上海人民出版社，1993：491.
④ 陈独秀. 陈独秀著作选编：第 3 卷 [M]. 上海：上海人民出版社，1993：466.

国家资本主义以过渡到非资本主义的国家工业，即是行向社会主义的社会。"① 1920 年，瞿秋白以记者的身份访问苏联，并在《北京晨报》发表《饿乡纪程》一文。在文章中，他指出："工业先进国的现代化是资本主义，在殖民地上就是帝国主义"，因此，他"倾向于社会主义"，并认为中国决不能"抄欧洲工业革命的老文章"，也不能指望帝国主义发"善心"来帮助中国实现工业化。② 1923 年，他在《中国之资产阶级的发展》一文中强调，由于资产阶级本身之局限性及中国工业从属于西方资本主义体系的状况，并且"受此强敌之暴力开拓"，"中国资产阶级的发展决无独立之可能，更决无充分之可能"③，因此，中国民族资产阶级不可能担负起实现中国工业化的历史重任。

从客观上说，20 世纪 20 年代到 20 世纪 30 年代，尽管李大钊、陈独秀、瞿秋白等人关于工业化的思考与观点符合新中国成立后的历史进程，但基本上属于逻辑演绎。他们作为马克思主义者，对于马克思关于社会化大生产演进的理论，显然是高度认同的。而作为资本主义更高级的替代形态，社会主义与共产主义制度的优越性已经被马克思论述得非常深刻。因此，在国家主权获得独立的前提下，由社会主义制度来保证工业化的进程就变得顺理成章了。但问题的关键在于，对于中国这样的一个传统农业国而言，如何使推动工业化的手段与当时的客观条件相匹配。这虽然是后话，但客观上讲，在中国共产党取得革命成功后，就国家工业化探索与实践的曲折过程而言，恰恰表明逻辑演绎与客观实践绝非一回事。"1949 年以前，毛泽东对中国工业化的追求和探索，主要围绕什么是在中国实现工业化的政治前提和如何对待民族资本主义工商业

---

① 陈独秀. 陈独秀著作选编：第 3 卷 [M]. 上海：上海人民出版社，1993：519.
② 瞿秋白. 瞿秋白文集：第 1 册 [M]. 北京：人民文学出版社，1953：23，25-26.
③ 孔繁坚. 瞿秋白的祖国工业化理论概述 [J]. 上海经济研究，1986 (6).

这两个问题，集中体现在他所创立的新民主主义革命理论以及相关政策中。"① 作为年轻一代的马克思主义者，毛泽东、蔡和森、李达等人同样对于工业化问题有过关注与认识，并且认识逻辑上大体与李大钊、陈独秀、瞿秋白等早期领导人相仿。一方面，整个 1920 年，毛泽东将主要精力用于深入调查与分析中国社会尤其是农村社会。在他对中国农村状况有了精辟认识的同时，客观上，亦从侧面了解和认识了农村社会之外的状况，"除开沿江沿海沿铁路稍有点可怜的工商业外，全部都属于农业经济生活；人民的组织，除开沿江沿海沿铁路应乎他们经济的情形有一点微弱的组织，像工商、教职员、学生等团体外，几乎全是家族的农村的手工业的自足组织。"② 1925 年，毛泽东对中国社会的各阶级进行分析时，对当时中国工业遭受帝国主义奴役的现状有着清醒的认识，即"中国因经济落后，故现代工业无产阶级人数不多。二百万左右的产业工人中，主要为铁路、矿山、海运、纺织、造船五种产业的工人，而其中很大一个数量是在外资产业的奴役下"③。那么很显然，经济落后与遭受奴役成为束缚中国民族工业发展壮大的两条锁链，如不破除枷锁，则绝无真正发展之可能。另一方面，他也深刻地认识到，唯有建立革命之政权，才能通过革命的手段与主义去解决中国一切的经济问题，最终实现经济幸福。"革命的民生主义叫我们反抗大商买办阶级，尤其是那封建宗法性一切反动势力根本源泉之地主阶级，使中国大多数穷苦人民得享有经济幸福。"④ 1921 年 1 月，毛泽东在新民学会长沙会员大会上的发言中提出"大规模改造"的主张。他认为，"改良是补缀办法，应主张大规模改造。……至于方法，启民主用俄式，我极赞成。因

① 朱佳木．毛泽东与中国工业化 [J]．毛泽东邓小平理论研究，2013 (8)．
② 毛泽东．毛泽东文集：第 1 卷 [M]．北京：人民出版社，1993：11．
③ 毛泽东．毛泽东选集：第 1 卷 [M]．北京：人民出版社，1991：3．
④ 毛泽东．毛泽东文集：第 1 卷 [M]．北京：人民出版社，1993：16．

俄式系诸路皆走不通了新发明的一条路，只此方法较之别的改造方法所含可能的性质为多。"① 可见，在毛泽东早年的认识中，苏俄道路已经成为他认同的改造国家与社会的模板。蔡和森的认识与毛泽东高度一致。蔡和森一针见血地指出了中国贫困之根源，"许多年来，国际帝国主义用武力迫使中国劳动民众为他们增殖财富，他们握住中国一切经济生命，协定中国关税，使中国永远处于贫困和奴隶的地位而不能自振"②，"我认为现世革命唯一制胜的方法：我现认清社会主义为资本主义的反映，其重要使命是打破资本经济制度，其方法在无产阶级专政，以政权来改建社会经济制度。"③ 因此，他得出一个鲜明的结论："只有早日解决政治问题，才能解决经济问题。"④ 在关于未来社会主义中国的构想中，他认为，"中国地大物博，人工又多，假使政治修明，自动的开发实业，必不难在短期间发展为新兴的工业国。"⑤ 将来建立起社会主义的中国要改变贫困落后的局面，唯有依赖于工业化，中国才能"完全变为工业生产国"。他猜想，"中国的社会主义转变和社会主义建设之必须依靠先进国无产阶级的帮助，尤其是苏联的帮助，这是毫无问题的。"⑥ 很显然，蔡和森的构想与新中国成立后毛泽东的思路极为吻合。这也充分说明，毛泽东和蔡和森的亲密思想交往对彼此都产生过重大影响。李达的思考同样深刻，并且也是中国共产党早期领导人中较早思考这一问题的。1920 年 12 月，他在《社会革命底商榷》一文中指出，"中国现在已是产业革命的时期了。中国的工业虽不如欧美日本那

---

① 中共中央文献研究室. 建党以来重要文献选编（1921—1949）：第一册［M］. 北京：中央文献出版社，2011：511.
② 蔡和森. 蔡和森文集：上［M］. 长沙：湖南人民出版社，1980：117.
③ 蔡和森. 蔡和森文集：上［M］. 长沙：湖南人民出版社，1980：23.
④ 蔡和森. 蔡和森文集：上［M］. 长沙：湖南人民出版社，1980：117.
⑤ 蔡和森. 蔡和森文集：上［M］. 长沙：湖南人民出版社，1980：76.
⑥ 蔡和森. 蔡和森文集：下［M］. 长沙：湖南人民出版社，1980：234.

样发达，却是在这产业革命的时期内，中国无产阶级所受的悲惨，比欧美日本的无产阶级所受的悲惨还要大。中国劳动资本两阶级的对峙，在表面似乎与欧美日本不同，在实际上却无有不同的。"① 1921 年 4 月，在《讨论社会主义并质梁任公》一文中，李达针对中国当时产业现状再次评论道："加以近年来，国内武人强盗，争权夺利，黩武兴戎，农工业小生产机关，差不多完全破坏了。中国无产阶级的厄运，实在不能以言语形容。所以我说中国人民，已在产业革命的梦中，不过不自知其为梦罢了。"他还认为，"社会主义运动，就是用种种的手段方法实现社会主义的社会。至于所采取的手段，有急进缓进的分别，然而就现时最新的倾向而言，一方面在联合一切工人组织工会，作为宣传社会主义的学校，学习管理生产机关，一俟有相当组织和训练，即采直接行动实行社会革命，建设劳动者的国家。"② 在他看来，中国被迫卷入欧美的产业革命中，中国的无产阶级处于工业革命最为悲惨的境地，在这种局面下，中国要实现产业革命，只能说是"梦中之梦"。他提出，只有通过社会主义运动实行社会革命，建立"劳动者国家"，才能使"梦"化为真。

1921 年 7 月，中国共产党第一次全国代表大会通过的《中国共产党纲领》宣布："（3）消灭资本家私有制，没收机器、土地、厂房和半成品等生产资料，归社会公有。"③ 从文本的表述来看，建党之初，中国共产党人就明确地列出了资本家生产资料私有制所包含的内容，即机器、土地、厂房和半成品等，这充分说明了当时对于工业的理解虽然粗

---

① 中共中央文献研究室.建党以来重要文献选编（1921—1949）：第一册［M］.北京：中央文献出版社，2011：491—492.

② 中共中央文献研究室.建党以来重要文献选编（1921—1949）：第一册［M］.北京：中央文献出版社，2011：520.

③ 中共中央文献研究室.建党以来重要文献选编（1921—1949）：第一册［M］.北京：中央文献出版社，2011：1.

浅但又非常直观。尤其是将"半成品"界定为生产资料，则隐含了他们对于工业与农业关系的认识，即农业提供初级产品作为工业原料，工业原料制成半成品、成品，最终变成商品。1922 年 7 月，中共二大召开。二大宣言指出，"中国经济生命的神经系已落在帝国主义的巨掌之中了。那些外国资本家还在中国占据了许多矿山，并在上海天津等商埠开设了一些工厂，鞭策百万的中国劳工在那些矿山工厂里，做他们生利的奴隶。……三万万的农民日趋于穷困，数千万手工业者的生活轻轻被华美的机器制造品夺去，而渐成为失业的无产阶级。"① 在中国共产党人看来，产业革命是世界必然的趋势，但是由于产业革命的主动权掌握在帝国主义资本的手中，带给中国人民的只能是更为沉重的苦难。那么反过来，为了彻底改变无产阶级的境遇和中国经济的命运，就必须将产业革命的主导权夺回来掌握在自己的手中。1923 年 6 月，中国共产党第三次全国代表大会召开。三大宣言指出，"鉴于国际及中国之经济政治的状况，鉴于中国社会各阶级（工人农民工商业家）之苦痛及要求"，"急需一个国民革命；同时拥护工人农民的自身利益，是我们不能一刻疏忽的；……我们的使命，是以国民革命来解放被压迫的中国民族，更进而加入世界革命，解放全世界的被压迫民族和被压迫的阶级。"② 因此，中国共产党的使命与任务是通过国民革命，然后实现民族解放。这是解决社会各阶级政治经济苦痛的先决条件。1925 年 1 月，中共四大宣言鲜明地揭露了帝国主义的反动性与资本主义的掠夺性，"世界的反动势力正在聚集向劳农的国家苏俄进攻。列强的银行家和资本家绝不能静听着他们的商品不能自由地输入苏俄，一定要把苏俄陷于

---

① 中共中央文献研究室. 建党以来重要文献选编（1921—1949）：第一册 ［M］. 北京：中央文献出版社，2011：123.

② 中共中央文献研究室. 建党以来重要文献选编（1921—1949）：第一册 ［M］. 北京：中央文献出版社，2011：277.

奴隶的地位。他们更不愿意丢却这么一个好市场的中国！他们老喊着要保全中国的市场，他们一定要成为中国财富的主人，一定要陷中国人民为他们的奴隶！"[①] 1927 年 4 月，蒋介石背叛革命后，中国共产党第五次全国代表大会在非常状态下召开。五大宣言分析了中国经济的封建性与资本主义性，并指出中等资产阶级、小资产阶级与工农的悲惨境地都是源自与帝国主义相勾结的封建主义的后果。"封建式的经济阻滞了内地商场的开展。中国封建形式的统治机关，采用多种方式（苛税和厘金等），以阻碍自由的贸易。军阀以重税压迫商人，实际上就能破坏商业。封建军阀的专制，将中等阶级的权利完全剥夺。所有这些现象统统反对小资产阶级的利益，至于工农更不用说了。"[②]

　　总体来说，中国共产党的早期领导人及中国共产党成立后至 1927 年的历次大会宣言均是从原则层面来论述工业化问题，即：其一，未来的中国走工业化道路是必然的选择。只有通过工业化，才能摆脱国家贫困局面，才能实现国家富强；其二，中国未来的工业化必须改变西方资本主义模式，应由社会主义施行；其三，推翻帝国主义、封建主义、官僚资本主义三座大山的压迫，获得革命胜利，实现国家独立是推进中国未来工业化的唯一途径与首要前提。

三、中央苏区时期初步实践与陕甘宁时期再思考、再实践

　　"如果说建党前后和第一次国共合作时期，中国共产党对于中国工

---

① 中共中央文献研究室 . 建党以来重要文献选编（1921—1949）：第二册［M］. 北京：中央文献出版社，2011：271.

② 中共中央文献研究室 . 建党以来重要文献选编（1921—1949）：第四册［M］. 北京：中央文献出版社，2011：217.

业化的探索仅停留在理论层面的话，那么，第一次大革命失败后，中国共产党在经略与建设根据地的过程中，从实践层面逐步加深了对工业化的认知。"① 1927 年 10 月秋收起义失败后，毛泽东率领工农革命军到达罗霄山脉中段的井冈山地区，开辟根据地开展游击战争、进行土地革命。至 1928 年 2 月，井冈山革命根据地初具规模，范围包括宁冈全部、遂川西北部、永新、酃县（今炎陵县）、茶陵等县部分地区。5 月 20 日，毛泽东主持召开湘赣边界党的第一次代表大会，选举产生中共湘赣边界特委，毛泽东为书记。五六月间，井冈山革命根据地进入全盛时期。为了统一领导边界各县工农兵政府，在宁冈茅坪建立湘赣边界工农兵苏维埃政府，设土地、军事、财政、司法四个部门和工农运动、青年、妇女三个委员会。很显然，在井冈山时期，毛泽东更多的是关注农村经济与农民生活状态，然后进一步研究农村问题。他率先认识到，"中国革命的基本问题是农民问题"，而农民问题的实质就是"土地问题"。因此，1928 年 12 月、1929 年 4 月，在毛泽东主持下，革命政权先后颁布《井冈山土地法（物）》《兴国土地法》并调整土地法中的不当部分，最终赢得了广大农民的积极拥护，根据地内出现了"分田分地真忙"的积极景象。毫无疑问，通过"没收公共土地及地主阶级土地"无偿分配给农民，吸引农民拥护、参加革命以保障根据地政权建设与稳固，是中国共产党局部执政时期获得的一条意义极为重大的经验。但是，当时中国共产党控制的区域在经济结构上近乎完全是以传统农业与家庭手工业为主，并不具备近代机器工业的实践条件。

　　1930 年 3 月，随着红军在军事上不断取得胜利，赣西南、闽西根据地的苏维埃政府相继建立。10 月，红一方面军攻克吉安，成立江西省苏维埃政府。随着赣西南、闽西革命根据地的不断扩大，中央革命根

---

① 石建国. 中国共产党矢志现代化强国的百年历程及其启示 [J]. 邓小平研究，2021 (5).

据地（中央苏区）初步形成。1930 年 11 月至 1931 年 9 月，在毛泽东、朱德等人的领导下，中央苏区连续取得三次"反围剿"的胜利，致使赣西南、闽西两块根据地连成一片。至鼎盛时期，中央苏区管辖的 28 个县境、拥有 15 座县城，控制面积 5 万多平方千米，人口达 250 多万。1931 年 11 月，第一次全国苏维埃代表大会在瑞金举行，中华苏维埃共和国临时中央政府宣告成立，毛泽东任临时中央政府主席。1933 年 1 月，中共临时中央迁至瑞金。3 月，在取得第四次反"围剿"胜利后，临时中央政府在不到半年的时间内，又先后在控制区域内建立了江西、福建、闽赣、粤赣四个省级苏维埃政权。中央苏区时期，是中国共产党首次建立国家政权形态并进行局部执政的伟大演练，也是中国共产党人积累治国安邦经验的重大尝试。在加强政权建设的同时，中国共产党开始真正意义上接触并认识了经济建设及工业化的重要性（表 1-4）。

表 1-4　各根据地时期的基本情况

	鼎盛时期	中国共产党控制区域面积	下辖区人口	拥有军队
井冈山革命根据地时期	1928 年 6 月	宁冈、永新、莲花 3 个县，和遂川、酃县（今炎陵县）、吉安、安福等县的部分地区，7200 平方千米。	50 万人	1.8 万人
中央革命根据地（中央苏区）时期	1933 年 9 月	以瑞金为中心，拥有 15 座县城、约 5 万平方千米面积。	250 万人	中央红军近 10 万人（全国红军约 30 万人）
陕甘宁革命根据地时期	1946 年 7 月	228 万平方千米，464 座中小城市。	1.36 亿人	120 万人

尽管当时中央苏区的经济结构依然以农业为主，但是区域内烟草、造纸、织布、制糖、钨砂、军工等工业均具备了一定的规模。尤其是涉及人民生活的日用品轻工业，更是受到了苏区政府的高度重视。在外部经济受到严厉封锁的前提下，如何通过兴办一系列工业以保障战争与满

足人们日常生活需求，成为苏维埃政府关心的头等大事。因此，中央苏区采取免税政策以刺激工业的发展。1931年，临时中央政府颁布《关于颁布暂行税则的决议》："税收的种类，分为商业税、农业税、工业税三种。""为促进苏区的工业发展，暂时免收工业品的出厂税。"① 同年11月，临时中央政府组建中央财政人民委员部与国家银行等机构，并自中央到地方设立了国民经济部，专施经济建设职责。同时，着手制定了统一的财政金融、税收、投资及农工业等方面的政策，先后召开南部和北部经济建设大会，推进各项经济建设工作。1933年4月，临时中央政府中央人民委员会发布第10号训令，指出：目前经济建设上的中心工作是"农业与工业生产的发展，粮食的调剂，合作社的扩大，对外贸易处的建立，国有企业的发展等"；经济建设的根本方针是"提高苏区的各业生产，扩大对内对外贸易，发展苏区的国民经济，打破敌人的经济封锁"②。同期，临时中央政府发出关于《发展农业与工业生产》的布告，强调："发展农业生产的要项……这些生产，一半是人民的粮食，一半是工业原料，是发展苏区经济的基础。"③ 为了保障"反围剿"战争所需，中央苏区采取发行公债等措施，支持在控制区域内建立公营的军需工业和厂矿企业，并使之迅速发展。其中，"官田兵工厂发展到400多人，中央被服厂约有700人，中央钨砂公司约有5000工人，还开办了印刷厂、造纸厂、纺织厂等。"④ 中央钨砂公司收购的钨砂"出售给广东、湖南、湖北等地矿商。通过这些矿商资本家购进矿工所需要的生产、生活物资"。造纸厂生产的纸张一部分"运至潮汕出售，获利甚丰"。赣东北的公营纸厂"产量很大，每月的出口量达三

① 杨菁. 试析中央革命根据地的财政收入政策 [J]. 党史研究与教学，2002 (4).
② 关于设立国民经济部 [J]. 红色中华，1933-04-23：77.
③ 余伯流. 中央苏区经济建设的历史经验及其启示 [J]. 江西财经大学学报，2008 (3).
④ 刘益群. 中央苏区经济建设的经验与启示 [N]. 赣南日报，2022-02-16.

千至五千担"①。除此之外，临时中央政府还在辖区内建立了具有集体性质的手工业生产合作社，引导和鼓励传统个体手工业的发展。这一系列的经济政策与做法，既有效地促进了中央苏区的经济发展，又有力地保障了战时需求。至 1933 年 9 月，中央苏区共有 1400 多家"产销合作社"②。

在中国共产党领导人以理论指导实践、不断积累政权建设经验的同时，又通过实践过程加深了理论认识的程度。1933 年 8 月，毛泽东、林伯渠参加了南部 17 县经济建设大会。毛泽东做了《粉碎敌人五次"围剿"与苏维埃经济建设任务》的报告，提出要进行一切可能的和必需的经济方面的建设，集中经济力量供给战争，同时极力改良民众的生活，巩固工农在经济方面的联合等一系列的正确主张。1934 年 1 月在第二次全苏大会上，毛泽东做长篇报告，重申"苏维埃经济建设的中心是发展农业生产，发展工业生产，发展对外贸易，和发展合作社"③。其他在中央苏区的领导人如张闻天、刘少奇、陈云等人也为中央苏区发展经济、打破封锁进行了积极探索与有益尝试。尽管当时中央苏区内部的"左"倾主义氛围已经越来越浓重，但在切身接触、观察经济事务后，他们对经济工作有了更为深刻的认识，并且也为后来的全国性工业化建设积累了有效的经验。1933 年 4 月，张闻天在《五一节与〈劳动法〉执行的检阅》一文中指出："要发展苏维埃经济，在目前不尽量利用资本主义是不可能的。私人资本主义的部分的发展，对于我们并不是可怕的。这种发展，可以增加我们苏区的生产，流通我们的商品，而这

---

① 许毅. 中央革命根据地财政经济史长编：上册［M］. 北京：人民出版社，1982：555，557.

② 埃德加·斯诺. 西行漫记［M］. 董乐山，译. 北京：东方出版社，2005：250.

③ 毛泽东. 毛泽东选集：第 1 卷［M］. 北京：人民出版社，1991：123.

对于苏维埃政权现在是极端重要的。"① 同期，在中央苏区马克思共产主义学校讲授《中国革命基本问题》时，张闻天说道："从以前所讲的我们已经可以知道，在中国经济上帝国主义是完全处在统治的地位。帝国主义开始侵入中国，在中国造成了相当资本主义的关系。""对于中国农村经济，帝国主义的侵略使它商品化，使它依靠于世界农业市场的监督，但帝国主义并不提高中国农村经济的生产力，并不改变农村中经济封建式的剥削，却正相反，帝国主义的侵略，使中国农村经济走上了总崩溃的道路。"② 随着面临的经济现象的现实性与复杂性不断加深，中国共产党的领导人对如何开展工业化也有了更为深刻的理论认识与现实经验。刘少奇在中央苏区国营工厂推行"厂长负责制"，提高了工厂的生产效率；张闻天、陈云批评不合时宜的"大都市大生产所订立的《劳动法》"，有力地保护了私营工商业发展。总之，中国共产党在中央苏区的执政经验为后来积累了一条宝贵经验，即是"从苏区经济的这一特点出发，充分估计到苏区经济斗争的长期性和复杂性，正确处理了革命战争和经济建设的关系"③。

1933 年 9 月 25 日至 1934 年 10 月，由于王明"左"倾教条主义的错误，毛泽东等在农村根据地成长起来的领导人受到排挤，致使中央苏区原本的大好局面逐步丧失殆尽。第五次"反围剿"失败后，中央红军主力被迫放弃中央苏区，突围转移，开始了史无前例、艰苦卓绝的长征。在中央红军奋战第五次"反围剿"时，1933 年 3 月，中共陕甘边区特委在耀县（今耀州区）照金镇成立，并于 4 月召开了陕甘边区第一次工农兵代表大会，宣布成立以周冬至为主席、习仲勋为副主席的陕

---

① 张闻天.张闻天文集：第 1 卷 [M].北京：中共党史出版社，2012：335-336.
② 张闻天.张闻天文集：第 1 卷 [M].北京：中共党史出版社，2012：334.
③ 余伯流.中央苏区经济建设的历史经验及其启示 [J].江西财经大学学报，2008
(3).

甘边区革命委员会。10 月，陕甘边区红军主力转入外线作战，建立了由陕北安定、陇东南梁、关中照金互为犄角、相互支持的三路游击区。陕甘边区特委决定以南梁为中心创建陕甘边区革命根据地。至 1934 年 8 月，陕甘边区革命根据地已经覆盖 18 个县，面积达到 2.3 万平方千米。在中央红军开始长征时期，1934 年 11 月，陕甘边区苏维埃政府成立，习仲勋当选为苏维埃政府主席。1935 年 10 月中旬，中共中央率领陕甘支队到达陕北吴起镇，落脚陕甘边苏区，长征宣告胜利结束。1936 年 2 月，在东征、西征战役均取得胜利的基础上，陕甘边苏区区域进一步扩大，发展成陕甘宁苏区。至抗日战争全面爆发前，陕甘宁苏区北起长城，东临黄河，南抵陕西淳化，西至宁夏固原，总面积近 13 万平方千米，人口约 200 万，设有 36 个县和 1 个特区。1937 年 3 月，陕甘宁苏区改称陕甘宁特区，5 月时候又改称陕甘宁边区。至此，又一个"红色中国"在中国荒凉的西北地区出现。

中共中央与红军到来后，中央革命根据地的工业化"模板"似乎被搬迁到了陕北。在国民党政府对根据地进行严厉的经济封锁的同时，陕甘宁边区的工业基础一切皆从零开始。按照美国记者埃德加·斯诺的说法，"为了弄几台车床、纺织机、发动机或者一点废铁，红军不惜作战。在我访问期间，他们所有的属于机器项目的一切东西几乎都是'缴获'的！"[①] 1936 年 6 月，西征红军连克定边、盐池等县城。对中国共产党来说，控制当地的盐业资源的战略意义十分重大。"当时地委除大力组织农业生产外，我们还积极发展工业、运输业、商业和外贸。三边地区的定边、盐池两县出盐，……我们在陇东成立了盐业公司，大力组织盐业生产……我们用盐换回根据地所急需的棉花、布匹、火柴、办公用具等，大大缓解了边区经济生活上的困难。"[②] 其后，永平的攻

① 埃德加·斯诺. 西行漫记 [M]. 董乐山，译. 北京：东方出版社，2005：251.
② 中共中央文献研究室. 缅怀毛泽东 [M]. 北京：中央文献出版社，1993：204.

克又为边区政府增加了石油资源。开凿两口新油井后，石油产量比以前增加了40%，在三个月的时间里，增加了"二千担石油，二万五千担头等油，一万三千五百担二等油"①。"苏区国营企业中最大最重要的是宁夏边界长城上的盐池的制盐工业和永平、延长的油井"②，盐池、定边、永平等地因此也成为中国共产党控制下重要的工业县镇。

　　随着中国共产党在陕甘宁边区站稳脚跟，利用区域内资源优势，边区政府通过对敌贸易、农业积累转化等方式为工业建设筹集资金与设备。大量的工厂在吴起镇创办，吴起镇也因此被逐步打造成中国西北地区一个新兴的"工业的中心"，并逐步奠定了边区工业自给体系的初步基础。埃德加·斯诺写道："在这个中世纪的世界里，突然看到了苏区的工厂，看到了机器在运转，看到了一批工人在忙碌地生产红色中国的商品和农具，确实使人感到意想不到。"③ 毫无疑问，这种工业体系依然是初级的，并且与中央苏区时期的特点基本一致，即主要以自给方式满足军需与人民日用。由于机器设备的极度匮乏，大部分的工厂实则保持着很大程度上的手工作坊的特征。正如斯诺看到的，"苏区工业都是手工业，有保安和河连湾（甘肃）的织布厂、被服厂、制鞋厂、造纸厂，定边（在长城上）的制毯厂，永平的煤矿，所产的煤是中国最便宜的，还有其他几县的毛纺厂和纺纱厂。"④ 1937年8月，沈鸿带领七个工人与十部机器到达了延安，对边区的工业发展具有极为重大的意义，"利用这些机器与其他的技术人员合作设计了战时急需的印刷机、油墨机、造纸机、制药机和炼油机。这些机器奠定了边区的工业基础，

---

① 毛泽民. 甘陕苏区的经济建设 [J]. 斗争，1936-04-24.
② 埃德加·斯诺. 西行漫记 [M]. 董乐山，译. 北京：东方出版社，2005：251.
③ 埃德加·斯诺. 西行漫记 [M]. 董乐山，译. 北京：东方出版社，2005：249.
④ 埃德加·斯诺. 西行漫记 [M]. 董乐山，译. 北京：东方出版社，2005：251.

在边区首创了机械工业。"① 以沈鸿为总工程师的"茶坊兵工厂"成为边区最重要的"工业设计中心",大量的枪械弹药、机械机器被设计制造出来,几乎涉及民用工业所有重要方面,如制药、医疗器械、造纸、印刷、造币、化工、炼铁、炼焦、玻璃、石油等。1938—1945 年间,尽管工业基础与实力依然薄弱,但是在边区政府的正确施策下,"从这时起又有许多科技技术人才作为工业建设的指导力量"②,区域内的军用工业与民用工业获得较大发展。自 1942 年 12 月至 1945 年抗战胜利前,手工业生产合作社也由 50 个发展到 235 个,数量与质量均有较大提高。1943 年,边区政府对私营工业投资贷款 230 万元(折合法币 170 万元)。1945 年 3 月,边区政府公布《陕甘宁边区政府奖励实业投资暂行条例》,奖励刺激私营资本主义工业发展。"据 1944 年统计,纺织厂产棉布 4 万匹,可以满足全部公用布匹的 80% 需求。造纸厂 1944 年供给印刷用纸的89.6%,1945 年达到 98.5%,基本上满足了边区印刷用纸需要。1944 年边区火柴厂正式生产,到 1945 年共产 2000 多箱,基本上满足了需要。其他毛毯鞋袜、陶瓷玻璃制品等,也全部或部分地做到了自给。"③

1941 年前后,陕甘宁边区的抗战进入最艰苦岁月。由于日军对根据地采取严酷的囚笼封锁,根据地生产与生活物资极度匮乏,通货膨胀日益严峻。1941 年,根据地物价指数达到 2200,较 1937 年增长 21 倍;1944 年,物价指数更是达到 1937 年时的 5647 倍。④ 随着各种矛盾与问

---

① 李芳. 知识分子与抗战时期陕甘宁边区的工业建设 [J]. 长江大学学报(社会科学版),2007(4).

② 中国人民大学中共党史系资料室. 中共党史教学参考资料(抗日战争时期):中 [M]. 北京:中国人民大学出版社,1979:525.

③ 星光,张杨. 抗日战争时期陕甘宁边区财政经济史稿 [M]. 西安:西北大学出版社,1992:225.

④ 施兰. 游击经济(Guerrilla Economy):陕甘宁边区的发展(1937—1945)[M]. 纽约:纽约州立大学出版社,1976:184.

题的进一步凸显，尤其是在一些经济政策问题上，诸如怎样看待私营工业、如何减轻民赋问题、如何认识当时带有一定强制性的运盐政策问题、政府预算问题、纸币发行问题等，边区政府与中央局之间出现了严重的分歧和争论。① 时任陕甘宁边区政府秘书长兼政策研究室主任李维汉认为，县镇经济的基本特点与农村存在较大的差别，因此，如何满足工人的利益必须上升到与农民相当的地位。他认为，"经济政策对于城市工作的重要，犹如土地政策在农村工作中的地位一样，很明显，在革命的现阶段上，苏维埃少不了私人资本的工商业，苏区的工人，也少不得资本家。"② 因此，中国共产党再次加深了对工业化极端重要性的认识。随着大生产运动的展开，边区政府在发展私营工商业尤其是公营民营工业问题上采取了灵活的政策，取得了极为明显的成效。尤其是在被国民党政府严密封锁的时期，陕甘宁边区开发利用盐、煤、油等资源，建立了大量的军工、民生、能源企业，尽管许多工矿企业依然很原始，但中国共产党探索出了从无到有的路径。正如毛泽东评价的，"边区工业进步是很快的，它的数目虽小，但它包含的意义却非常重大，谁要不认识这个最有发展，最富于生命力、足以引起一切变化的力量，谁的头脑就是混沌无知。"③

四、新民主主义经济纲领与解放区的工业发展状况

随着对经济问题认识的不断加深，以毛泽东为首的中国共产党领导人处理经济事务的能力与水平也日益高超。1939 年，针对根据地日益

---

① 胡乔木. 胡乔木回忆毛泽东 [M]. 北京：人民出版社，1994：138-141.
② 李维汉. 李维汉选集 [M]. 北京：中央文献出版社，1987：46.
③ 边区工业的发展 [N]. 解放日报，1944-05-26.

严重的经济问题，毛泽东提出了"自己动手，丰衣足食"的口号。1940 年，毛泽东在《新民主主义论》中一方面继续思考、规划国家的未来，即"一切这些的目的，在于建设一个中华民族的新社会和新国家。在这个新社会和新国家中，不但有新政治、新经济，而且有新文化。……变为一个政治上自由和经济上繁荣的中国……一句话，我们要建立一个新中国"①；另一方面也提出新民主主义经济纲领的初步构想，"在中国建立这样的共和国，……在经济上也必须是新民主主义的。大银行、大工业、大商业，归这个共和国的国家所有。"② 1944 年 5 月，毛泽东在陕甘宁边区工厂厂长和职工代表会议招待会上的讲话中强调："要打倒日本帝国主义，必须工业化，要中国的民族独立有巩固保障，必须工业化。我们共产党员是要努力于中国的工业化的。"③ 1945 年中共七大，毛泽东在讲话中再次明确指出："没有工业，便没有巩固的国防，便没有人民的福利，便没有国家的富强"④，"中国工人阶级的任务，不但是为着建立新民主主义的国家而斗争，而且是为着中国的工业化和农业近代化而斗争。"⑤ 同时他认为，要实现国家工业化，就必须集中控制财力、物力和人力资源，以实施"全国一盘棋"的目标。显而易见，毛泽东的这些论述实则为新中国成立后的国家工业化奠定了强烈的情感基础。

从整体上看，1935 年至 1949 年，中国共产党在转战陕北后为期十多年的工业化实践与探索，大致可以分为三个阶段：（1）1935—1937 年国民党"剿共"封锁时期。这一阶段，中国共产党在根据地建设过程中重建初级工业基础，以基本满足军事与民生需求为特征；（2）1938—1945

---

① 毛泽东.毛泽东选集：第 2 卷 [M].北京：人民出版社，1991：663.
② 毛泽东.毛泽东选集：第 2 卷 [M].北京：人民出版社，1991：678.
③ 发展工业打倒日寇 [N].解放日报，1944-05-26.
④ 毛泽东.毛泽东选集：第 3 卷 [M].北京：人民出版社，1991：1029-1100.
⑤ 毛泽东.毛泽东选集：第 3 卷 [M].北京：人民出版社，1991：1081.

年日本帝国主义严酷封锁时期。国共第二次合作后，在华日军为摆脱困境而转变策略，对国民党以"政治诱降为主，军事打击为辅"，将重点转向对中国共产党领导的抗日根据地进行严密封锁与围剿。在此阶段，在中国共产党的领导下，解放区的工业化以"自己动手"实现工业自给为特征；（3）1945—1949年国民党内战封锁时期。蒋介石撕毁双十协定后，悍然对解放区发动经济封锁与军事进攻。在此阶段，中国共产党领导下的解放区逐步形成了两大主体：一是以陕甘宁、晋察冀、晋冀鲁豫、山东根据地为核心的西北、华北、华东解放区，另一主体是以北满根据地为核心的东北解放区。在西北、华北、华东解放区，依然表现为满足军事与民生为特征；而在东北解放区，则主要以恢复发展与壮大轻重工业为特征。

（一）西北、华北、华东解放区的工业发展

1947年7月开始，在毛泽东、朱德等人的指挥下，人民军队发动战略反攻，战争转向外线。至此，各地解放区基本得到了稳固。随后，西北、华北、华东、与东北解放区的工业生产均出现了一波"高潮"，尤以军工业生产最为显著。关于战时军工业与整个工业的关系，朱德的认识是非常深刻的。1947年底，他在解放区军工会议开幕式上指出："我们是以战争来结束战争。军工生产对我们结束战争的快慢有重要意义。要提早结束战争，要拔掉大的点，就要有大量的炮弹、炸药、手榴弹。……军工生产上了轨道，对整个工业也会产生好影响。"① 在此时期，各解放区的工业均在服务战争与发展经济之间做着艰难的平衡。

在西北解放区，军需工业的历史较其他解放区早一些。1938年3月，为推动根据地军工业的创建与发展，中共中央与中央军委决定成立中央军委军工局。随后，军工局迁至安寨县（今安塞区）茶坊，并确

---

① 金冲及，等.朱德传 [M].北京：中央文献出版社，2000：743，745.

立了"先造设备，后造步枪"的方针，进而开启了根据地军用工业的创建进程。尽管1940年中共中央提出"为争取工业品的半自给而奋斗"的号召，1941年中共中央又提出工业"要由半自给过渡到完全自给"的目标，但是受自然环境与条件的限制，这一时期西北解放区的军工产生对军队作战需求的满足程度依然不高。1944年5月，中共西北局发布《关于争取工业品全部自给的决定》，采取"奖励边区地主、商人开办工业企业，并欢迎边区以外工商业家来边区发展工业"的一系列措施，然而成效并不显著。① 同时，一系列现实问题又不断制约着解放区军工业的发展，即"军工要生产，工业要发展，钢铁是关键；敌人封锁，不能采购，前线路远，不宜运送，解决的办法还是自力更生"②。为了打破困局，中央军委军工局做出了巨大的努力，通过组织人才进行技术克难等方式，使军工局所属工厂均得到较好发展，主要包括"紫芳沟化学厂、第1兵工厂、陶瓷厂（已与玻璃厂合并）、炼铁部、后沟工厂、蟠龙矿厂、杨桥水力厂、运输队和焦炭厂"③，并逐步形成了较为齐全的军工生产体系。1944年至1945年，军工局冶铁部生产铸造灰生铁达60余万斤，基本上实现了边区铸造机器和弹壳的自足。除此之外，贺龙铁厂年产量达到64万斤，"这两个铁厂的建立对陕甘宁边区的军事工业建设和经济建设起了重要的作用"④。1945年抗战胜利后，为支援其他解放区的军工业发展，沈鸿、钱志道等重要技术人才与部分技术骨干、技术工人先后离开西北。这对西北解放区军工业产生过一定程度上的不利影响。

在华北解放区，1946年初，晋冀鲁豫解放区政府成立太行铁业促

---

① 阎庆生，黄正林. 陕甘宁边区经济史研究 [M]. 兰州：甘肃人民出版社，2002：73.

② 陕甘宁边区兵工发展简史 [M] //抗日战争时期解放区科学技术发展史资料：第一辑. 北京：中国学术出版社，1984：172.

③ 李强. 陕甘宁边区军事工业的建立与发展 [J]. 国防科技工业，2005 (7).

④ 李强. 陕甘宁边区军事工业的建立与发展 [J]. 国防科技工业，2005 (7).

进会（又称机器制造处），由晋冀鲁豫中央局经济部领导。为了尽快恢复生产建设与经济需要，"大部分工厂都转向发展民用产品，如犁锄、铜制品、肥皂、火柴、酒精、弹棉花机、皮革、木器、简易机具等。"①经过一年左右的恢复与建设，一个具有特色的综合性工业体系逐步形成，工业门类涉及矿产、能源、化工、机械、军工等方面。1946 年 6月，国民党军队进攻中原解放区。由于战争开始对军工业提出了迫切要求，因此，晋冀鲁豫和晋察冀区兵工厂实行紧急动员，停产民用产品，恢复军工生产。同时，中央军委致电晋察冀、晋绥、晋冀鲁豫负责人，要求组织力量"设厂自制黄色炸药"满足弹药生产。11 月，中央军委对各地军工业的指导越来越具体，甚至直接密电各地兵工厂负责人要求加强迫击炮的生产制造——"在运动战中迫炮作用甚大，且制造技术较速射炮容量，应大量制造。"② 随后晋冀鲁豫区太行铁业促进会被撤销，改为晋冀鲁豫兵工处，统一管理和指挥区内工业生产力为战争服务，"到 1947 年底，兵工厂发展到 23 个，其中火炸药厂 7 个，炮弹厂11 个，枪弹厂 2 个，火炮厂 1 个，兵工设备制造厂和电力厂各 1 个，职工约11 000人，综合生产能力月产炮弹 4.4 万发，火炸药 1.6 万公斤，枪弹 10 万发，五〇炮 220 门。"③ 1948 年前后，朱德提出了军工业管理体制改革与各解放区军工协同生产的问题，充分表明中国共产党领导人关于工业化的思考越发趋于务实。他指出，"工厂管理是个很大的问题。过去我们实行军事供给制，军事供给是靠政治吃饭，而不是靠经济

---

① 太行铁业促进会. 经理会议有关各厂之决议及备忘事件 [A]. 长治：长治市档案馆，1946-09-08：1-7-23-1.
② 中央军委关于大量制造迫击炮弹及密筹部队出击中原之经费给薄、王、杨并刘、邓、滕电 [M] //兵工史编审委员会. 华北解放区军工史料. 北京：中国兵器工业总公司，1994：27.
③ 晋冀鲁豫财办兵工处关于兵工生产的报告（1947 年 11 月 20 日）[M] //中国近代兵器工业档案史料（四）. 北京：兵器工业出版社，1993：246.

吃饭。现在要发展生产，不变不行了。工厂管理要实行企业化，军工厂也要企业化，管理要严格。"① 在致毛泽东电中，朱德强调，"把分散的军工生产主要是炸药和炮弹生产统一起来进行，不仅满足晋察冀军区的需要，还要支持其他军区"②，"现在地区大了，有西北、东北、华北、华东、中原，将来还有新地区。不仅这些地区要统一集中，而且全国财政、人力、物力都要统一集中。"③

在几大改革政策的推动下，华北解放区采取竞赛性措施开展兵工大生产运动，加强兵工生产能力，为其后的三大战役提供强大的武器弹药支持。随着解放区工业能力的不断增强，在战斗意志与武器装备的相互促进下，人民军队的战场攻坚能力大大提升，势如破竹。因此，1948年12月毛泽东在《敦促杜聿明等投降书》的新闻广播稿中，写下了一段气贯长虹的文字："你们想突围吗？四面八方都是解放军，怎么突得出去呢？你们的飞机坦克也没有用。我们的飞机坦克比你们多，这就是大炮和炸药，人们叫这些做土飞机、土坦克，难道不是比较你们的洋飞机、洋坦克要厉害十倍吗？我们一颗炮弹，就能打死你们一堆人。"④很显然，在中国共产党正确领导与解放区军民艰苦奋斗下，人民军队的武器装备已是今非昔比了。同年，朱德在全国兵工军械会议的总结报告中，对华北解放区军工业提出表扬："过去几年的兵工工作，在生产方面，生产了相当数量的武器弹药。过去靠缴获，现在加上后方供给，并制造了重武器，这个成绩是很大的。"⑤ 1949 年元旦，毛泽东发表新年献词《将革命进行到底》。受革命胜利在望之激励，华北解放区各兵工企业再掀生产热潮，技术革新成果不断涌现，生产效率与能力不断提

---

① 中共中央文献研究室. 朱德年谱 [M]. 北京：人民出版社，1986：308.
② 中共中央文献研究室. 朱德年谱 [M]. 北京：人民出版社，1986：297.
③ 朱德. 朱德军事文选 [M]. 北京：解放军出版社，1997：114.
④ 毛泽东. 毛泽东选集：第 4 卷 [M]. 北京：人民出版社，1991：1369.
⑤ 朱德. 朱德军事文选 [M]. 北京：解放军出版社，1997：636.

升，"这一年兵工经费预算折合小米 83 764 万斤，产品报价比 1948 年下降 39.4%，全年生产炮弹 208 万发，枪弹 134 万发，火炸药 133 万公斤，手榴弹 461 万枚。"① 在天津、北平、太原等城市相继解放后，华北兵工局"派出了 1260 名管理、技术、生产骨干，组成工业接管小组，进入新解放的城市，接管国民党的兵工企业和冶金、机械、化工等工矿企业"②，为即将到来的新中国奠定了工业人才基础。

在华东解放区，1947 年 9 月国民党的重点进攻被粉碎后，区内工业尤其是军工业得到了快速恢复与发展。1948 年 6 月到 7 月间，华东解放区连成一片，大部分的工业区被收复。一方面，华东解放区坚持"以战争来掩护建设，以建设去支援战争"的原则，指出："提高现有生产品的质量，与争取军工生产主要原料的自给，只有这样，我们的军工生产才有可能继续地扩大地进行，并且只有在提高的基础上求得扩大，才能符合战争的需要，在战场上起胜利的作用。"③ 华东解放区因地制宜加大工业原料自给，对煤炭、金属等主要的工业原料进行较大规模发掘，并逐步建成一座日产 25 万吨—40 万吨的制炼灰生铁炉和一座 25 万吨的铜熔矿炉。1948 年 7 月至 1949 年 6 月，华东解放区进行了一系列建设与试制工作，使得解放区军工业由无到有、由弱到强，区内逐步拥有大小车床 700 余部，技术工人 2 万余人。④

（二）东北解放区的工业发展

1945 年 8 月，中华民族经过艰苦卓绝的斗争取得了抗日战争的伟

① 吴东才，张义和 . 华北解放区军工史料 [M]. 北京：中国兵器工业总公司，1994：476.

② 华北人民政府公营企业部 . 为抽调大批干部和工人骨干做好新解放城市公营接收准备的紧急联合指示 [A]. 长治：长治市档案馆，1948-11-20：1-85-164-2.

③ 山东省军工史资料征集委员会办公室 . 山东人民军工资料（初稿）1937—1949：上册 [M]. 济南：山东人民出版社，1988：162.

④ 山东省军工史资料征集委员会办公室 . 山东人民军工资料（初稿）1937—1949：上册 [M]. 济南：山东人民出版社，1988：162.

大胜利,同时中国开始面临"两种命运,两种前途"的抉择。随即,中共中央作出"向北发展,向南防御"重大战略决策,明确指出:"只要我能控制东北及热察两省,并有全国各解放区及全国人民配合斗争,即能保障中国人民的胜利。"① 从这一刻起,东北地区成为中国共产党保证革命胜利走向的重要因素。当时的东北是中国工业、农业、交通运输业和对外贸易最为发达的区域。九一八事变前,日本帝国主义在中国东北的直接投资达到 55 020 万美元,远超同期英美两国投资合计总额(约 4000 万美元)。九一八事变后,日本帝国主义侵占东北三省全境,开始进一步加大对东北的实业投资。1936 年,日本在东北的资本投资总规模约计 14.56 亿美元,其中企业资本为 13.2 亿美元。尤其是 1937 年至 1941 年,日本帝国主义在东北执行"第一次产业开发五年计划",计划预计投资总额高达 50 亿美元左右,投资范围以钢铁、煤炭与农产品为重点。与此同时,对中国而言,"失掉了东北就意味着中国失掉了30%的煤产量、71%的铁产量、99%的石油产量、23%的发电量、37%的森林面积、41%的铁路长度和三分之一的对外贸易。"② 1939 年,东北地区工业投资率已经高达 29%,远远超过中华民国整个时期最高工业投资率(大约为 5%)。1939—1941 年,随着重工业与矿山企业的开办,东北工业规模以年均 9.9%的速度增长。可以这样说,仅占中国人口一成的东北地区,工业产量一度占到了全国的三分之一以上,其中重工业占全国的比重更是超过了六成。

1945 年 8 月,日本帝国主义投降后,国民党政府占据了城市区域,而中国共产党则占据了广大的农村地区。就东北解放区与国统区经济状况比较而言,1946 年至 1949 年期间,东北根据地(解放区)经济实力

---

① 刘少奇. 刘少奇选集:上卷 [M]. 北京:人民出版社,1981:371.

② 刘大中,叶孔嘉. 中国大陆的经济 1933—1959 [M]. 普林斯顿:普林斯顿大学出版社,1965:142-143,426-428.

不断上升，而国统区经济则处于不断衰败、几近崩溃之边缘。1945年—1946年内战爆发后，国统区农民田赋捐税等负担急剧增加，较此前增长了近1倍。而在东北解放区，为支援全国解放战争，农民税率虽有所提升，1947—1948年大体为粮食产量的18%—22%，但1949年则下调为17%—18%。1948年东北解放区物价上涨为1倍左右，而同期东北国统区的物价则上涨了1400余倍。① 1946年下半年至1947年，国统区工商业出现破产、倒闭风潮，工业品产量大幅度下降。上海、天津、重庆等重要城市中，倒闭的工厂与商企即达27 000多家。1949年，国统区的重要工业产品如铁、钢、煤、电力、水泥、棉纱、棉布、织、纸、面粉与糖等，产量分别比历史最高年产下降11%、16%、45%、72%、31%、72%、73%、90%、78%和40%。② 在解放区，工业生产与商业经营在广大农村和城市则得到迅速地恢复与发展，许多行业部门如纺织、造纸、印刷、化学、石油、煤铁、机械、军工等规模不断扩大。1947年东北解放区煤的产量为400万吨，1949年则增至1100万吨，增长了近2倍。③

　　1946年，中共中央东北局采取措施逐步推动国营工业发展，尤以重工业与军工业为重心。一方面，东北局提出工业发展方针是"发展农村手工业及恢复必要的、条件可能的机器工业"；另一方面，确定"矿山以恢复煤矿为重点，工厂是以军工和供给工矿的发电厂与机械厂为重点"④ 的原则。1947年，东北局从解放区实际出发，提出了"农业生产是解放区的生产工作的中心"和"有计划地组织工业生产"以

---

① 中国人民大学政治经济学系. 中国近代经济史：下册 [M]. 北京：人民出版社，1978：256，258，262.
② 中国社会科学院，中央档案馆. 中华人民共和国经济档案资料选编（1949—1952）：工业卷 [M]. 北京：中国物资出版社，1996：3.
③ 汪海波. 新中国工业经济史 [M]. 北京：经济管理出版社，1994：77，75.
④ 《关于东北工矿业一些材料的汇集报告》，1947年3月。

及"机器工业应与手工业相结合""机器工业应与农业相结合"的方针，并且规定以恢复必要的工矿业和铁路运输业、发展军需工业与纺织工业为重点。① 到 1947 年 5 月，较大国营矿业企业已有 15 家，国营工厂的职工人数也由 1946 年 1.3 万人增至 5 万人，东北解放区的国营工业已初具规模。②

1946 年 4 月 28 日，哈尔滨获得解放。哈尔滨成为中国共产党控制下的第一座具有重工业基础的大城市，也成为中国共产党城市执政的第一块试验田。在此之前，陈云就认识到了占据哈尔滨的重要性。4 月 15 日，陈云曾致电李富春："佳木斯的苏军已撤，大煤矿及工厂、铁路、交通事业极缺干部，如我进入哈尔滨、齐齐哈尔后，更需城市工作干部，盼西满能抽调一批较有能力的干部来北满。"③ 此后，以哈尔滨为中心的北满根据地事实上已成为"整个东北的大后方"。为了尽快恢复北满地区的工业经济，大批干部被派往哈尔滨。1947 年 6 月，哈尔滨工商管理局成立。在扶持与保护民族工商业政策的刺激下，北满地区的工商业经济出现恢复和好转的趋势。1947 年底，哈尔滨工商业企业数达到 23 000 家，其中工业企业 12 000 家、商业万余家，较 1946 年解放前，增加 15 000 家左右，且工业企业数历史上第一次超过商业企业。随着工商业与农业生产的逐步恢复与发展，北满根据地成为中国共产党控制下解放区中的经济实力最雄厚的区域。1947 年 5 月，毛泽东致电东北局时指出，"在全国各区中，就经济论你们占第一位，就军力论你们已占第二位（山东为第一位）。"④

1948 年 11 月，东北全域获得解放。东北局及时调整政策，认为

---

① 《东北局关于一九四七年度财经工作方针与任务的指示》，1947 年 3 月。
② 《东北工矿处及其所属工矿简况》，1947 年 6 月。
③ 朱佳木，中共中央文献研究室. 陈云年谱（1905—1995）上卷 ［M］. 北京：中央文献出版社，2000：458.
④ 毛泽东. 毛泽东文集：第 4 卷 ［M］. 北京：人民出版社，1996：242.

"经济建设特别是工业建设成为东北全党压倒一切的中心任务"。至此，东北解放区进行全面工业建设的新阶段。东北国营工业分设电业、煤矿、机械、有色金属、金矿、林业、纺织、企业管理八个管理局及鞍山钢铁、本溪煤矿两个公司，共辖 160 个工厂、74 处矿山及 26 个林区。[①] 1949 年，东北工业实现由局部性、临时性工业计划向较为全面的、完整的工业计划过渡，各项工业计划指标均完成或超额完成，其中生铁、钢锭、原煤、电力、机械、水泥等分别超额完成 183.5%、142.7%、124%、103%、114% 和 109.4%[②]，既满足了当时军用与民用的基本需求，也为钢铁、煤炭、电力等工业的进一步发展奠定了坚实的基础。

---

① 东北工业部：《东北工业概况》1949 年 2 月。
② 东北行政委员会：《东北国营工业 1949 年主要产品生产情况表》1950 年。

第二章

社会主义革命与建设时期国家工业化战略的形成与实施

近百年来，众多的中国知识分子一直在思考解决国家的贫穷与落后问题，并试图找到一条富强之路。19 世纪 80 年代末，严复提出了"求强""求富"的思路，并影响了青年时代的毛泽东。他认为，西方强大的根本原因，"绝不仅仅在于武器和技术，也不仅仅在于经济、政治组织或任何制度设施"，"应该在思想和价值观的领域中去寻找"。[①] "求强"与"求富"实质上涉及一个先后顺序的问题。如果先"求富"，则"求强"的目的必然能实现，但它是一个长期积累的过程；如果先"求强"，则必须先解决国家生存之危机，尔后再引导"求富"。因此，尽管严复接受了斯宾塞的理论，但是面对现实，他不得不做出第二种选择，即由强而富的道路。新中国成立之后，现实与愿望造成的矛盾与严复的时代有着一定的相似性。面对新生国家的生存环境，毛泽东与中国共产党的其他领导人同样面临着"强国"与"富民"的选择。

"在一个半殖民地的、半封建的、分裂的中国里，要想发展工业，建设国防，福利人民，求得国家的富强，多少年来多少人做过这种梦，但是一概幻灭了。"[②] "国家贫困落后即挨打"是毛泽东从历史中总结出

① 本杰明·史华兹. 寻求富强：严复与西方 [M]. 叶凤美，译. 南京：江苏人民出版社，1996：38.

② 毛泽东. 毛泽东选集：第 3 卷 [M]. 北京：人民出版社，1991：1080.

来的教训，也是对民族与国家命运的忧虑，因此，毛泽东迫切地希望改变中国落后的现状。他提出："如果不在今后几十年内，争取彻底改变我国经济和技术远远落后于帝国主义国家的状态，挨打是不可避免的。""我们应当以有可能挨打为出发点来部署我们的工作，力求在一个不太长久的时间内改变我国社会经济、技术方面的落后状态，否则我们就要犯错误。"① 对于从农业国转变为工业国，这一选项是明确的。1949 年 10 月，中华人民共和国成立之后，随着农业经济的快速恢复及经济局面的显著改善，国家工业化的战略在毛泽东为首的中国共产党人的脑海中快速成型。差不多四年左右的时间，至 1953 年的"一五"计划，中国共产党确立了以重工业优先发展为主导的国家工业化战略。

如果评价说中国共产党的领导人对工业化表现得过度热情，而未注意到"农业、农村对发展中国家经济发展的积极作用"②，那么，这一结论显然是不符合历史与现实的。毛泽东加速推进国家工业化是多方面因素造成的，既有情感成分，也受当时客观时代背景的影响。此间有两条理由值得肯定：其一，1840 年鸦片战争以来，圆百年强国之梦及对工业化的强烈的民族主义情结使得中国大多数政治家都钟情于国家经济的工业化。孙中山等先驱者的思想显然也影响着执政后的中国共产党及其主要领导人。并且，在当时苏联工业化巨大成就的鼓舞下，也为了体现社会主义制度的优越性，毛泽东同样确立了国家工业化战略，试图尽快改变落后的传统农业国的局面；其二，在既缺少建设资金、又缺乏产业基础的前提下，照理是很难直接建立工业化体系的。但是，如同 20 世纪 20 年代的苏联，在政治热情不断高涨的情况下，社会主义国家工

---

① 中共中央文献研究室. 建国以来毛泽东文稿：第 10 册 [M]. 北京：中央文献出版社，1996：348.
② 中村哲. 东亚近代史理论的再探讨 [M]. 陈应年，等译. 北京：商务印书馆，2002：148.

业化被赋予了特殊的含义，因此，工业化不仅仅是一个经济概念，而且更成了一个政治概念。国家工业化战略在第一个五年计划中就取得了可喜成就，这使党的主要领导人希望将中国建设成为社会主义工业国乃至工业强国的信心进一步增强。其后，在"赶美超英"口号的鼓舞下，国家工业化热情渗透到了每个领域。

总而言之，新中国成立后，中国共产党与中国人民希望迅速改变国家贫弱局面的热情不断高涨，通过国家工业化战略将一个落后的农业国改造成一个先进的工业国，成为举国上下的统一意志。正是基于此，推动实现国家工业化被赋予了强烈的政治涵义，因而，调集国家一切资源为实现工业化目标而努力奋斗，便成为中国共产党领导人必然作出的重大且正确的决策。当然，这里还隐含了一个关键的问题，即为了推动并实现这一目标所采取的手段与方式是否符合经济规律与客观实际。换句话说，从历史反思的角度来看，任何对某个时期的政策仅仅作出对的或错的评价都是无益的，因为内外部环境、主客观因素对于政策的酝酿与形成都具有不可低估的影响。

一、国民经济恢复时期的工业经济重建

1948 年 11 月底，蒋介石制订下月《大事预定表》，其第十五条即为"中央存款"之处理。自 12 月 1 日午夜第一批黄金、银圆起运，至 1949 年 5 月 18 日第四批黄金离大陆，前后总值约黄金 700 万两。[①]

———————————

[①] 杨天石. 寻找真实的蒋介石：蒋介石日记解读（二）[M]. 香港：三联书店，2010：446. 另一说：解放战争后期国民党共运往台湾 376. 5358 万两黄金、3520 万枚银圆、8000 万美元（含存入美国银行的 1000 万元）、3300 吨纯银。国际金融专家研究认为，上述银圆、纯银、美元按当时价值折合黄金约 400 万两（见"撤离大陆前国民党财产移往台湾全纪录"，星岛环球网 2010 年 1 月 18 日）。

1950 年 4 月 13 日，第二野战军全歼西昌地区国民党军队。至此，国民党政权完全败退了，但扔给中国共产党的却是一个"烂摊子"。

当时的整个国民经济完全处于"一穷二白"的状态：工业是以手工业为主的初级状态，1949 年全国手工业产值 34 亿元，占工业总产值的 75%，占工农业总产值的 11.7%。[①] 农业占据了压倒性的比重，80% 的人口从事初级农业生产，基本上都是以个体（家庭）为单位的传统农耕作业：平均亩产粮食仅为 142 斤，棉花为 22 斤，人均占有粮食 209 公斤，棉花 0.8 公斤，油料 4.7 公斤。[②] 1949 年同中国历史上的最高水平相比，工业总产值减少了一半，其中重工业产值减少 70%，轻工业减少 30%。1949 年，钢产量仅 15.8 万吨，煤 3243 万吨，粮食 11 318 万吨，棉花为 44.4 万吨，分别比 1936 年减少 80%、48%、25%、48%。1949 年的中国社会总人口为 54 167 万人。在全国人口中，80% 以上是文盲，学龄儿童入学率只有 20% 左右。居民平均预期寿命是 35 岁。全国城镇失业者达 474.2 万人，相当于当时职工总数的 60%。当年全国粮食产量只有 11 318 万吨，人均 208.9 公斤；城镇居民人均可支配收入不足 100 元，农村居民人均纯收入 44 元。[③] 几乎大部分经济指标均处于抗日战争以来的最低点。另据联合国"亚洲及太平洋社会委员会"的统计数据，1949 年中国人均国民收入仅 27 美元，不足整个亚洲平均 44 美元的 2/3，不足印度 57 美元的一半。[④]

从 1945 年的中共七大开始，毛泽东、刘少奇、张闻天等党的领导人一直在思考未来中国社会形态的基本特征与相互关系等理论问题。毛

---

① 严中平，等. 中国近代经济史统计资料选辑［M］. 北京：科学出版社，1995：105.

② 国家统计局. 新中国五十年［M］. 北京：中国统计出版社，1999：77-83.

③ 谢伏瞻. 在把握历史发展规律和大势中引领时代前行［J］. 中国社会科学，2021 (6)：4-29.

④ 姜辉，龚云. 论中华人民共和国成立的伟大历史意义［N］. 光明日报，2019-05-29 (11).

泽东较为全面地阐述了新民主主义的经济形态及其性质。他认为，"没有一个新民主主义的联合统一的国家，没有新民主主义的国家经济的发展，没有私人资本主义经济和合作社经济的发展，……要想在殖民地半殖民地半封建的废墟上建立起社会主义社会来，那只是完全的空想。"① 张闻天则强调，坚持国营经济的领导地位，发展多种形式的经济，以促进整个国民经济的繁荣发展，并逐步实现由新民主主义向社会主义的过渡。② 很显然，从一开始，在中国共产党领导人的思考中，新民主主义就是一种过渡形态。1948 年 9 月，毛泽东在政治局会议上提出，"我们要努力发展国家经济，由发展新民主主义经济过渡到社会主义。"③ 刘少奇在解释新民主主义经济的性质时讲道："新民主主义经济是资本主义的呢？还是社会主义的呢？都不是。它有社会主义成分，也有资本主义成分。这是一种特殊的历史形态，它的特点是过渡时期的经济，可以过渡到资本主义，也可以过渡到社会主义。"④ 随着国家政权的建立，新民主主义向左侧过渡的可能性不复存在，因此，刘少奇明确指出："新民主主义阶段是过渡阶段也是准备阶段，即准备进入社会主义。"⑤ "在可能的条件下，逐步地增加国民经济中的社会主义成分，加强国民经济的计划性，以便逐步地稳当地过渡到社会主义。"⑥

　　中国为何必须经过这样的一个过渡性社会？按照马克思主义的理论观点，社会主义不可能建立在半殖民地半封建社会与经济落后的基地之上，"必须经过一个相当长的时间，来大力发展生产力，准备进入社会主义的各项条件。"对于这个过渡形态的存在时间，最初认为是以现实

① 毛泽东. 毛泽东选集：第 3 卷 [M]. 北京：人民出版社，1991：1060.
② 张闻天. 张闻天选集 [M]. 北京：人民出版社，1985：397-398.
③ 毛泽东. 毛泽东文集：第 5 卷 [M]. 北京：人民出版社，1996：146.
④ 刘少奇. 刘少奇论新中国经济建设 [M]. 北京：中央文献出版社，1993：47.
⑤ 刘少奇. 刘少奇论新中国经济建设 [M]. 北京：中央文献出版社，1993：214.
⑥ 刘少奇. 刘少奇论新中国经济建设 [M]. 北京：中央文献出版社，1993：146.

的生产力发展状况为标准，不能操之过急。1949 年 1 月，中共中央召开政治局会议，毛泽东讲话中进一步阐述了经济建设方针："今后对经济构成是应有一个通盘的认识。国营经济是带社会主义性质，合作经济也是带社会主义性质并向社会主义前进的，国家资本主义经济、私人资本主义经济和个体经济，那个东西基本上是对的，但要注意两条战线斗争。一方面不要以为新民主主义经济不是计划经济，不是向社会主义发展，而认为是自由贸易、自由竞争，向资本主义发展，那是极端错误的。……另一方面，必须注意，必须谨慎，不要急于社会主义化。"①1950 年 5 月，毛泽东在中共中央政治局会议上强调了私营工商业的长期性，"私营工商业是会长期存在的，我们不可能很快实行社会主义。"② 1951 年 2 月，毛泽东为新民主主义社会向社会主义社会的过渡设想了一个"三年准备，十年建设"的时限。③ 5 月，刘少奇在党的第一次全国宣传工作会议上说：三年准备、十年建设之后，中国可能采取某一些相当的社会主义步骤，但也可能还要再等几年。④ 7 月，刘少奇再次对这个时限进行描述："采取社会主义步骤，少则十年、多则十五年，二十年恐怕不要。"⑤

由于从新民主主义过渡到社会主义的关键在于国营经济与私人资本主义力量的对比，因此，只要使这两方面的因素出现此消彼长的局面，就意味着可以实现"逐步过渡"的目标。新中国成立初期，毛泽东认为应该采取比较稳妥的措施与步骤，逐步解决私营工业问题。他认为，"不但不怕资本主义，反而在一定的条件下提倡它的发展"，"要让私人

---

① 中央档案馆. 中共中央在西柏坡 [M]. 深圳：海天出版社，1998：640.
② 毛泽东. 毛泽东文集：第 6 卷 [M]. 北京：人民出版社，1999：61.
③ 中共中央文献研究室. 建国以来毛泽东文稿：第 2 册 [M]. 北京：中央文献出版社，1988：206.
④ 刘少奇. 刘少奇论新中国经济建设 [M]. 北京：中央文献出版社，1993：182.
⑤ 刘少奇. 刘少奇论新中国经济建设 [M]. 北京：中央文献出版社，1993：209.

资本主义经济在不能操纵国计民生的范围内获得发展的便利"。① 1950年6月，毛泽东在七届三中全会上提交了《为争取国家财政经济状况的基本好转而斗争》的书面报告，并在《不要四面出击》的讲话中指出，"我们要合理地调整工商业，使工厂开工，解决失业问题。"② 在1949年—1952年的国民经济结构中，私营经济仍然举足轻重。1950年，私营经济比重占工业总产值的52%，占商业总零售额的85%，占外贸总额的33.47%。③ 建国头三年，虽然在国民经济中占的比重下降，但私营经济的总量仍得到了相当的发展。中央政府在很大程度上保护私营企业，同时采用财政和货币手段保护市场运作，因此，"私营业者自己也承认，这一时期是比民国时代最好的年月还要景气的'黄金时期'。"④ 这一稳妥的思路为国民经济的整体性恢复提供了较好的基础。

不言而喻，如何加快发展并壮大属于社会主义成分的国营经济，依然是中国共产党领导人重点关注的问题。新中国的成立，为中国共产党领导中国人民重启中国工业化之进程，提供了首要的政治保障。在国家主权获得完全意义上独立、人民获得彻底解放的基础上，尽管国家工业化的紧迫性越来越高，但对于新中国成立初期的整个国民经济状况而言，中国共产党领导人有着清醒的认识，即"大约是现代性的工业占百分之十左右，农业和手工业占百分之九十左右。……这也是在中国革命的时期内和在革命胜利以后一个相当长的时期内一切问题的基本出发点"⑤。因此，毛泽东多次强调，一切工作"都是围绕着生产建设一个

① 毛泽东.毛泽东选集：第3卷［M］.北京：人民出版社，1991：1060-1061.
② 毛泽东.毛泽东著作选读：下册［M］.北京：人民出版社，1986：695.
③ 董志凯.1949—1952年中国经济分析［M］.北京：中国社会科学出版社，1996：318.
④ 董志凯.1949—1952年中国经济分析［M］.北京：中国社会科学出版社，1996：122.
⑤ 毛泽东.毛泽东选集：第4卷［M］.北京：人民出版社，1991：1430.

中心工作并为这个中心工作服务的"，"党在这里的中心任务，是动员一切力量恢复和发展生产事业，这是一切工作的重点所在。"① 1950 年 8 月下旬，陈云在中财委召开的计划会议上明确提出："经济战线在今后两三年内的主要任务是搞好经济的调整与恢复，同时进行一些必要的建设，并为将来大规模的经济建设作好准备。"② 建国头三年内，尽管中央政府缺乏必要的建设资金，但通过统一国家财经等措施，一方面给予农民与农业全力支持，并通过新解放区开展土地改革运动及创造宽松的政策环境（如降低农业税率等）来弥补。1949—1952 年间，国家总投资规模约为 78 亿元左右，投入农业的资金超过 50 亿元，占全部投资的 65%。全国范围的大规模土地改革始于 1950 年冬，至 1953 年春基本完成。在此刺激下，广大农民生产的积极性得到了充分的发挥，农业生产出现了恢复性增长：1952 年，农业总产值达到 484 亿元，比 1949 年增长 48%；许多农产品产量均创历史新高，粮食、棉花与牲畜存栏分别增长 45%、194% 和 27%。③ 在农业经济得到恢复的同时，整个国民经济呈现出快速回升的状态。另一方面，采取措施全力保障工业经济的恢复与发展。1949—1952 年，工业总产值年均增长速度达到 34.8%④；1952 年，实现工农业总产值 810 亿元，比 1949 年增长 77.5%⑤；工业（包括手工业与初级工业）占工农业总产值的比重由 1949 年的 30% 提高到 1952 年的 43.1%⑥。1952 年，在工业、农业与商业均取得恢复性增长的同时，国家财政也出现了根本性好转，财政收支连续两年结余。

① 毛泽东. 毛泽东选集：第 4 卷 [M]. 北京：人民出版社，1991：1428，1429.
② 陈云. 陈云文稿选编（1949—1956）[M]. 北京：人民出版社，1982：61.
③ 国家统计局. 辉煌的三十五年 [M]. 北京：中国统计出版社，1984：51，53-60.
④ 刘国光，等. 中华人民共和国经济档案资料选编（1953—1957）：工业卷 [M]. 北京：中国物价出版社，1998：1147.
⑤ 胡绳. 中国共产党的七十年 [M]. 北京：中共党史出版社，1991：254.
⑥ 国家统计局. 中国统计年鉴（1983）[M]. 北京：中国统计出版社，1983：20.

国有经济提供的财政收入达101亿元，占国家财政总收入的58.1%，首次超过私营经济。财政支出用于经济建设的比重连年上升，至1952年达到41.6%，除用于社会文教的比重略有上升外，国防与行政管理费用占财政支出的比重则出现明显下降，分别比1950年下降8.2与10.5个百分点。①（见表2-1）尽管发展基数很低，但是"新中国仅用了三年的时间，就使国民经济基本恢复和某些方面超过了1937年抗战爆发前的最高水平。社会经济秩序建立如此之快，国民经济恢复如此迅速，在当时世界上都是罕见的"②。

表2-1 1949—1952年中国农民货币收入增长情况

	1949年	1950年	1951年	1952年
农民净货币收入（亿元）	68.5	87.4	111.4	127.9
以1949年为基准（指数）	100.0	127.6	162.6	186.7
农民人均净货币收入（亿元）	14.9	18.7	23.6	26.8
以1949年为基准（指数）	100.0	125.5	158.4	179.8

在恢复与发展国民经济的同时，以毛泽东为首的中国共产党人开始重点探索建立国营经济基础。按照新中国成立前夕的构想，国营经济大致由三个方面组成：一是原解放区发展起来的公营经济转型为国营经济；二是没收国统区官僚资本与企业资产归国家所有，并直接转为国营企业与资本；三是对外国在华企业与资本采取冻结、管制、征购、代管、征用方式，使之转为国营企业与资本。（1）对于官僚资本，在解放战争进程中，中国共产党明确了"没收四大家族垄断资本建立国营

---

① 中华人民共和国财政部综合计划司.1950—1985年中国财政统计［M］.北京：中国财政经济出版社，1987：64.

② 武力.中华人民共和国经济史（增订版上卷）［M］.北京：中国时代经济出版社，2010：133.

经济"的整体思路。1947年10月中共中央、中央军委发布《中国人民解放军宣言》，明确提出了"没收官僚资本"的口号。随着革命胜利进程的不断推进，1949年4月《中国人民解放军布告》声明："凡属国民党反动政府和大官僚分子所经营的工厂、商店、银行、仓库、船舶、码头、铁路、邮政、电报、电灯、电话、自来水和农场牧场等，均由人民政府接管。"① 自1949年至1950年底，被没收的各种类型的官僚资本企业主要有：2400多家银行（不涉及其中少量民族资本股份），包括中央银行、中国银行、交通银行、中国农民银行及各省地方银行；2858个工矿企业，包括国民党政府资源委员会、中国纺织建设公司、兵工、军事后勤及政府系统官办企业、宋孔家族和其他官僚的"商办"企业、国民党"党营"企业等，涉及职工总数为129万人，其中产业工人75万人；交通与运输系统所属企业、招商局系统所属企业及十余家大型内外贸易公司。② 1951年初，中央人民政府政务院颁布《企业中公股公产清理办法》等政策法规，对全国范围内对隐藏在私人资本主义企业中的官僚资本股份进行了清理，标志没收官僚资本工作全部完成。（2）对于外国在华投资与企业，中国共产党则采取既坚决又谨慎的方式进行处置。解放前夕，虽然占其整个国民经济的比重并不大，但外国在华企业与资本多集中于公用事业、航运业、制造业、金融业等重要部门，有些甚至还是垄断地位。譬如，1948年8月，外资在华银行12家，其资产却占上海金融业总资产额的36%，比1947年上升了10%。③ 1949年3月，中共七届二中全会提出，"对外资企业应按照国籍、系统、行业等各种不同的具体情况采取区别对待的方针，分别先后

---

① 毛泽东.毛泽东选集：第4卷［M］.北京：人民出版社，1991：1457.
② 邓力群.中华人民共和国国史百科全书（1949-1999）［M］.北京：中国大百科全书出版社，1999：213.
③ 于滔.中国近代金融史［M］.北京：中国金融出版社，1985：311-313.

缓急给予正当解决。"建国后，按照这一方针，各地政府对在华外资企业的资本和经营状况进行了调查与甄别。1953 年，中央人民政府对在华外资企业提出了新的思路，即"把帝国主义国家在华的企业转变为社会主义的、人民的企业，成为社会主义性质的国营经济的一个组成部分，使整个国民经济中社会主义成分的比重增长，国营经济的领导力量增强"，主张通过谈判以对价转让的方式将其转变为国家所有企业。由于美国对中国实行"封锁禁运"，中国政府采取针锋相对的措施，因此，许多在华美资企业处于业务瘫痪状态。"有些企业如银行和洋行经营不下去了，便申请歇业；有些企业如开滦煤矿自行放弃经营；有些企业如颐中烟草公司、中国肥皂公司等要求转让给中国政府，以抵偿它们在中国的债务；有些企业则由我国作价收购。"① （3） 对于原解放区创办的公营经济，建国后便自动转为社会主义性质的国营经济。在抗日战争时期与解放战争时期，解放区公营经济尤其是工业经济为抗战与革命的胜利做出了巨大的贡献，但从总体上来说，相比于后来没收的官僚资本、征管接收的外国在华资本而言，数量不多且规模有限。但它毕竟是社会主义国营经济最早的前身，因此，亦成为新中国国营经济的重要基础。总之，通过解放区公营经济转型、没收官僚资本、征管接收外国在华资本等方式，新中国逐步建立起国营经济，并逐步掌握国民经济命脉，控制了事关国计民生的金融、商业和重工业制造等领域。国营经济的建立为维护人民民主专政提供了可靠的经济保障，使中国共产党牢牢掌握国民经济领导权，也为我国由新民主主义社会向社会主义社会转变奠定了坚实的基础。

在中国共产党与中国人民的努力下，建国头三年的时候，工业生产恢复与发展极为迅速。1949—1952 年工业总产值同比增长了 1.45 倍，

---

① 涂克明. 国营经济的建立及其在建国初期的巨大作用 [J]. 中共党史研究, 1995 (2).

年均增长 34.8%；生产资料的生产增长了 227%，年均增长 48.5%；消费资料的生产增长了 114.8%，年均增长 29%。工农业产值两者之比由 1949 年的 27∶73 变为 1952 年的 36∶64。在此时期，原本基础十分薄弱的重工业虽有一定的发展，但工业尤其是重工业占整个国民经济中的比重依然很低。数据显示，1952 年国民经济恢复工作完成时，现代工业在工农业总产值中的比重只有 26.6%，重工业在工业总产值中的比重只有 35.5%。[①] 就是在这样薄弱的基础上，新中国的国家工业化开启了伟大征程。

二、抗美援朝的启示与重工业优先战略的形成

1949 年 3 月，随着中国革命胜利曙光的显现，美国开始逐步加紧对即将诞生的中国共产党政权的贸易封锁。美国总统杜鲁门与美国国家安全委员会批准国务院远东司提出《美国对华贸易政策》（NSC41 号文件），开始着手遏制新中国的经济，并提出未来要进一步大幅度收紧对华贸易管制的构想，其目的是"使中共在日本和西方世界面前彻底孤立，或使之崩溃"[②]。1950 年 6 月 25 日，朝鲜内战爆发。美国政府从全球战略和冷战思维出发，做出武装干涉朝鲜内战的决定，并派遣第七舰队侵入台湾海峡。10 月初，美军不顾中国政府的一再警告，悍然越过三八线，把战火烧到中朝边境。侵朝美军飞机多次轰炸中国东北边境地区，给人民生命财产造成了严重的损失，我国安全面临着严重威胁。值此危急关头，应朝鲜党和政府请求，中国共产党和中国政府以非凡气魄

①　胡绳. 中国共产党的七十年 [M]. 北京：中共党史出版社，1991：318.
②　陶文钊，牛军. 美国对华政策文件集（1949—1972）：第一卷 [M]. 北京：世界知识出版社，2003：105—113.

和胆略做出抗美援朝、保家卫国的历史性决策。① 10 月 19 日，中国人民志愿军入朝参战。11 月 17 日，美国政府宣布对新中国实行全面禁运的措施。1952 年 8 月，在美国胁迫下，巴统中国委员会正式成立，并采取所谓"中国差别"原则，以更加严厉的方式从整个西方多边贸易体系对新中国实施贸易管制。自那一刻起，一方面，新中国与西方国家贸易关系基本被切断；另一方面，新中国与苏联、东欧国家的贸易关系则更为紧密，贸易额迅速扩大。

1950 年，美国的钢产量 8785 万吨，工农业总产值 2800 亿美元；中国却只有 61 万吨钢产量，工农业总产值 100 亿美元。在交战双方国力对比如此悬殊的情况下，历时近三年，堪称"立国之战"的抗美援朝终于取得了伟大胜利。"经此一战，中国人民打败了侵略者，震动了全世界，奠定了新中国在亚洲和国际事务中的重要地位，彰显了新中国的大国地位"，中国的国际地位有了显著上升，彻底摆脱了"东亚病夫"的境遇；"经此一战，中国人民粉碎了侵略者陈兵国门、进而将新中国扼杀在摇篮之中的图谋，可谓'打得一拳开，免得百拳来'，帝国主义再也不敢做出武力进犯新中国的尝试，新中国真正站稳了脚跟"②，这为此后的国家工业化创造了所需的和平环境。总结抗美援朝胜利的经验，毛泽东曾评价说，"能不能打，这个问题两三个月就解决了。敌人大炮比我们多，但士气低，是铁多气少。"③ 在纪念抗美援朝七十周年大会上，习近平再次评价说："当年抗美援朝，毛主席用诗意的语言总

① 习近平. 在纪念中国人民志愿军抗美援朝出国作战 70 周年大会上的讲话（单行本）[M]. 北京：人民出版社，2020：1.
② 习近平. 在纪念中国人民志愿军抗美援朝出国作战 70 周年大会上的讲话（单行本）[M]. 北京：人民出版社，2020：10.
③ 毛泽东. 毛泽东军事文集：第 6 卷 [M]. 北京：军事科学出版社，1993：317.

51

结胜利之道：敌人是钢多气少，我们是钢少气多。"①"钢少气多"实则道出了中国人民志愿军付出的巨大牺牲与新中国在军事工业上存在的明显劣势，同时也让以毛泽东为首的中国共产党领导人对加快实施国家工业化有了新的更为深刻的认识。

新中国成立前夕，毛泽东就已经开始思考工业化的重要性了。在此时期，他曾反复强调，推翻三座大山为工业化扫清道路。因此，之后的最主要任务是要搞工业化，由落后的农业国变成先进的工业国，建立独立完整的工业体系。② 1945 年 4 月，毛泽东在中共七大讲话中明确指出："没有工业，便没有巩固的国防，便没有人民的福利，便没有国家的富强。"③ 后来，周恩来也进行了补充论述："我们的国家在政治上已经独立，但要做到完全独立，还必须实现国家工业化。如果工业不发展，已经独立的国家，甚至还有可能变成人家的附庸国。"④ 新中国的成立，为实现国家工业化提供了三条必要的前提：一是有了中国共产党的领导，在举国上下意志高度统一的前提下，国家工业化能够以坚韧的毅力与持续的政策来推进；二是能够集中国家一切资源为工业化服务；三是工业化的战略实施有了清晰的脉络与步骤。对于工业化的具体步骤，大致存在"农业、轻工业、重工业"与"农业、重工业、轻工业"两种顺序选择。对于前者来说，在推进工业化之前，农业是根本，不可动摇，发展轻工业所需的资本相对较少，可以适当兼顾其他产业，有助于国家经济全面恢复与发展；对于后者而言，发展重工业的投资较大，会大量挤占其他行业的发展资金，因此，需要勒紧裤带，加大生产积

---

① 中央宣传部，中央党史，文献研究院，等．习近平谈治国理政：第 3 卷［M］. 北京：外文出版社，2020：101.

② 毛泽东．毛泽东选集：第 4 卷［M］. 北京：人民出版社，1991：1433.

③ 毛泽东．毛泽东选集：第 3 卷［M］. 北京：人民出版社，1991：1030.

④ 周恩来．周恩来经济文选［M］. 北京：中央文献出版社，1993：151.

累。一般来说，一个后起的国家往往会选择前一种顺序。事实上，新中国成立后不久，毛泽东为首的中国共产党领导人确实曾有过"先发展轻工业和农业，等资金积累到一定程度时再着重发展重工业"的思路。但抗美援朝后，为了保障战争需要，新中国将大量的资金用于国防支出。数据显示，1950—1952 年中国军事国防费用支出占财政支出总额比重分别为 38.19%、45.64% 和 32.23%，经济建设支出被挤到第二位，占比分别为 30.39%、30.34% 和 42.40%。[①] 随后，受新中国国家外部安全局面恶化的影响，毛泽东当机立断做出了调整，即正式明确了"优先发展重工业"的思路。客观上说，以毛泽东为首的中国共产党领导人并非没有认识到工业化道路的艰难程度，毕竟要在短期内改变一个传统农业国的落后局面谈何容易，因此，在确立"优先发展重工业"的前提下，毛泽东后来又加上了"工农业并举"的方针。

关于优先发展重工业方面，1949 年 9 月 29 日具有临时宪法性质的《中国人民政治协商会议共同纲领》第三十五条实际上已经包含了这一思路——"应以有计划、有步骤地恢复和发展重工业为重点，例如矿业、钢铁业、动力工业、机器制造业、电器工业和主要化学工业等以创立国家工业化的基础"。《中国人民政治协商会议共同纲领》作为执政的中国共产党与参政的各民主党派、社会各界的共识，充分表明了举国上下对于国家工业化高度统一的意志。关于优先发展重工业的战略，毛泽东做过言简意赅的概括："重点是用一切方法挤出钱来建设重工业和国防工业。"[②] 那么，建设重工业与国防工业的"钱"从何而来？这显然是中国共产党领导人不得不思考的关键。

---

① 有林.客观、全面、本质地看问题［M］//中国社会科学院编.纪念毛泽东同志诞辰 120 周年理论研讨会论文集（内部刊行），2013：121.
② 中共中央党史研究室.中国共产党历史：第二卷：上卷［M］.北京：中共党史出版社，2011：198-199.

1952 年，我国人均国内生产总值只有 119 元，外汇储备只有 1.39 亿美元。在国家财经异常拮据的前提下，"开源节流"便成了唯一的选择。所谓"节流"，就是紧缩各部门各行业的开支；所谓"开源"，就是只能依靠农业积累为国家工业化筹备资金。1950 年 6 月，《中华人民共和国土地改革法》颁布实施，第一条明确了土地改革的根本目标就是要"解放农村生产力，发展农业生产，为新中国的工业化开辟道路"。客观上说，利用农业积累为重工业提供原始资金是当时中国共产党领导人唯一可以选择的途径。当然，优先发展重工业并不是说要忽视轻工业，而是在二者之间做出符合国家安全需要的侧重。1951 年 12 月，中共中央印发《关于实行精兵简政、增产节约、反对贪污、反对浪费和反对官僚主义的决定》，对全党全国与各行各业提出了"有增产节约"的要求。同时，毛泽东指出："从一九五三年起，我们就要进入大规模经济建设了，准备以二十年时间完成中国的工业化。完成工业化当然不只是重工业和国防工业，一切必要的轻工业都应建设起来。为了完成国家工业化，必须发展农业，并逐步完成农业社会化。但是首先重要并能带动轻工业和农业向前发展的是建设重工业和国防工业。为了建设重工业和国防工业，就要付出很多的资金。"[1] 1953 年 6 月，在制定我国国民经济发展的第一个五年计划时，毛泽东进一步指出："为了保证国家的独立，要把建设重点放在重工业上，以增强国防力量，向社会主义前进。"1953 年 9 月，毛泽东在中央人民政府委员会会议上与梁漱溟发生关于"仁政"的争议。实际上，争议焦点就在于重工业的资金来源。因此，毛泽东说，仁政有两种：一种是为人民的当前利益，这是小仁政；另一种是为人民的长远利益，这是大仁政。重点应当放在大仁政上。他指出，"现在，我们的重点应当放在建设重工业上。要建设，

---

[1] 中共中央文献研究室. 毛泽东年谱（1949—1976）：第一卷 [M]. 北京：中央文献出版社，2013：426.

就要资金。所以，人民的生活虽然要改善，但一时又不能改善很多。就是说，不可不照顾，不可多照顾。不能照顾小仁政，妨碍大仁政。"① 他进一步说道："中国现在飞机不能造，大炮也不能造，坦克也不能造，汽车也不能造，很多精密仪器，我们也造不出来。……重工业是我们搞经济建设的重点，必须优先发展生产资料的生产，然后才是其它。"② 面对建国初期的财经状况，陈云也提出了"集中使用国家财力办大事"的思路。他认为，"在落后贫困的基础上前进，必须尽可能地集中物力财力，加以统一使用。……只要我们把力量集中起来，用于必要的地方，就完全可以办成几件大事。""如果国家收入不作统一使用，如果国家支出不按统一制度并遵守节省原则，如果现有资金不加集中使用，则后果必然是浪费财力，加剧通货膨胀""要建设好我们的国家，提高广大人民的生活水平，需要发展工业，这就需要技术。"③

关于"工农业并举"的思路，早在 1949 年 12 月，周恩来在题为《当前财经形势和新中国经济的几种关系》的讲话中，强调毛泽东思想在工农业关系上的运用时就有比较完整的论述。他说："必须在发展农业的基础上发展工业，在工业的领导下提高农业生产的水平。没有农业基础，工业不能前进；没有工业领导，农业就无法发展。"④ 1956 年 4 月 25 日，毛泽东做《论十大关系》报告时重点论述了我国社会主义建设中带有全局性的十个问题，即十大关系，其中涉及国家工业化的关系有三个，即"重工业和轻工业、农业的关系""沿海工业和内地工业的关系""经济建设和国防建设的关系"。他认为，工业化道路的问题，

① 薄一波. 若干重大决策与事件的回顾：第 2 卷 [M]. 北京：中共中央党校出版社，1991：291.

② 薄一波. 若干重大决策与事件的回顾：第 2 卷 [M]. 北京：中共中央党校出版社，1991：291.

③ 陈云. 陈云文稿选编（1949—1956）[M]. 北京：人民出版社，1982：61，72，39.

④ 周恩来. 周恩来选集：下卷 [M]. 北京：人民出版社，1980：10.

主要是指重工业、轻工业和农业的发展关系问题。"我国是一个大农业国""发展工业必须和发展农业同时并举，工业才有原料和市场，才有可能为建立强大的重工业积累较多的资金""重工业有了市场，有了资金，它就会更快地发展。"① 1959 年 12 月 23 日，毛泽东在读《政治经济学教科书》时做了进一步的思考。他指出："我们的提法是在优先发展重工业的条件下，发展工业和发展农业同时并举。所谓并举，并不否认重工业优先增长，不否认工业发展快于农业；同时，并举也并不是要平均使用力量。"② 按照毛泽东的说法，1956 年提出"工农业并举"，但真正实行的是在 1960 年。③

1952 年 9 月后，随着整个国民经济恢复发展形势向好，毛泽东、周恩来、刘少奇等中央领导人开始酝酿并提出"党在过渡时期总路线"。同年底，国民经济恢复工作的各项任务已经基本实现。根据毛泽东的建议，中共中央提出了党在过渡时期的总路线。1953 年 6 月，中共中央政治局会议对"过渡时期总路线"做了较为完整的概括，即"党在过渡时期的总路线和总任务，是要在十年到十五年或者更多一些时间内，基本上完成国家工业化和对农业、手工业、资本主义工商业的社会主义改造"。客观上说，"过渡时期"包含两个层面的含义：一是介于哪两种制度之间；二是过渡的时限。1948 年 9 月，毛泽东在《在中共中央政治局会议上的报告和结论》中论述了新民主主义与社会主义提法的关系：

> "大工业、大银行、大商业，不管是不是官僚资本，全国
> 胜利后一定时期内都是要没收的，这是新民主主义经济的原

① 毛泽东. 毛泽东文集：第 7 卷 [M]. 北京：人民出版社，1999：241.
② 毛泽东. 毛泽东文集：第 8 卷 [M]. 北京：人民出版社，1999：123.
③ 毛泽东. 毛泽东文集：第 8 卷 [M]. 北京：人民出版社，1999：121.

则。而只要一没收，它们就属于社会主义部分。我们国家银行
的资本，是社会主义性质的。农民在土地革命后搞合作社，要
看在谁的领导下：在资产阶级领导之下，这是资本主义的；在
无产阶级领导之下，就是社会主义的。当然，今天我们农村的
合作社，是个体农民在私有财产基础上组织的合作社，不完全
是社会主义的，但它带有社会主义性质，是走向社会主义的。
合作社和国营企业不同，国营企业是完全社会主义性质的，它
不带资本主义性。机关生产组织的合作社比民营合作社的社会
主义性质更多一些。社会主义性质这种话应该讲，但整个国民
经济还是新民主主义经济，即社会主义经济领导之下的经济
体系。"

　　在国民经济恢复时期，毛泽东更强调的是新民主主义性质而不是社
会主义性质。但随着国民经济恢复与发展形势向好，中国共产党的领导
人在社会形态问题的认识与理解上出现一些差异，"刘少奇等继续保持
原有的认识，而毛泽东的认识则发生了新的变化。"① 1951 年 3 月，在
中国共产党第一次全国组织工作会议上，刘少奇指出："中国共产党的
最终目标，是要在中国实现共产主义制度。它现在为巩固新民主主义制
度而斗争，在将来要为转变到社会主义制度而斗争，最后要为实现共产
主义制度而斗争。"② 在最初的构想中，新民主主义是一种与社会主义
相并列的社会形态。由新民主主义发展到社会主义，中间存在一个
"过渡时期"。到了 1953 年 6 月，毛泽东解释道："从中华人民共和国
成立，到社会主义改造基本完成，这是一个过渡时期。"1954 年 9 月，
刘少奇在第一届全国人民代表大会第一次会议做的报告中说："这个过

---

① 董辅礽. 中华人民共和国经济史：上卷［M］. 北京：经济科学出版社，1999：120.
② 刘少奇. 刘少奇选集：下卷［M］. 北京：人民出版社，1985：62.

渡时期也叫做新民主主义时期。"① （表 2-2）

表 2-2　新中国成立前后中国共产党领导人的社会形态演变目标模式

			社会主义		过渡时期	共产主义
			低级	高级		
刘少奇的方案	新民主主义	过渡时期	低级	高级	过渡时期	共产主义
毛泽东的方案	新民主主义		社会主义		过渡时期	共产主义
	过渡时期（一段时期内）		低级	高级		

　　客观上说，如果按照毛泽东与刘少奇在新中国成立前后的论述——"新民主主义"既可以变成资本主义，也可以变成社会主义，那么将新民主主义理解成过渡时期，应该也是正确的。问题在于这个过渡时期到底应该存在多长时间，并且用何种方式向社会主义过渡。如果"过渡"是自然而然的，即"在国家经济事业和文化事业大为兴盛了以后，在各种条件具备了以后，在全国人民考虑成熟并在大家同意了以后，就可以从容地和妥善地走进社会主义的新时期"②，那么，这将是一种最佳方案。但在 1953 年后，受各方面因素的影响，毛泽东认为应该加快"过渡"的进程。在青年时代，毛泽东认为，社会问题的解决有两种方式，更好的方式即在于"主张大规模改造"③。那么，在生产力现状与经济基础既定的前提下，通过对生产关系进行社会主义改造，就可以增加生产关系对现实生产的反作用。1953 年 6 月的中央政治局会议后，毛泽东在中共中央宣传部起草的关于总路线的宣传提纲上，把党在过渡时期的总路线进一步完整准确地表述为："从中华人民共和国成立，到社会主义改造基本完成，这是一个过渡时期。共产党在过渡时期的总路线和总任务，是要在一个相当长的时期内，逐步实现国家的社会主义工

---

① 刘少奇. 刘少奇选集：下卷 ［M］. 北京：人民出版社，1985：143.
② 毛泽东. 毛泽东文集：第 6 卷 ［M］. 北京：人民出版社，1999：80.
③ 毛泽东. 毛泽东文集：第 1 卷 ［M］. 北京：人民出版社，1993：1.

业化，并逐步实现国家对农业、对手工业和对资本主义工商业的社会主义改造。""实现国家的社会主义工业化"可以说是一个经济命题，"实现国家的社会主义改造"则是一个政治命题，这两个命题共同构成了过渡时期总路线的内容。在《宣传提纲》中，这个"相当长的时期"大体应延续三个"五年计划"，加上已经过去的三年国民经济恢复时期，前后一共十八年。1953年11月，毛泽东进一步点明了"总路线"的实质，"总路线就是逐步改变生产关系。斯大林说，生产关系的基础就是所有制。"① 至此，中国共产党明确了对生产关系所有制的改造将成为推动国家工业化战略的首要前提。

1953年7月，中朝两国代表与美国为首的联合国军代表在《朝鲜停战协定》上签了字，抗美援朝结束。此后，尽管以美国为首的西方对中国进行了严厉的贸易封锁，但抗美援朝后形成的国内政权稳定与相对和平的外部环境，使新中国有了能够集中力量实施工业化战略的前提。差不多两个月后，毛泽东在中央人民政府委员会第二十四次会议上，第一次较为系统地对抗美援朝的伟大胜利做出了评价和总结："我们的经验是：依靠人民，再加上一个比较正确的领导，就可以用我们劣势装备战胜优势装备的敌人。"② 这虽是对抗美援朝胜利经验的总结，但其实也隐含实现国家工业化的基本思路，即依靠人民，加上中国共产党的正确领导，就一定可以在一穷二白的基础上，克服种种困难，最终实现国家工业化。可以这样说，朝鲜战争结束后，以毛泽东为首的中国共产党领导人决定抓住有利的时机，加快进行国家工业化建设。这一刻已不容迟缓了。

---

① 国家农业委员会办公厅. 农业集体化重要文件汇编（1949—1957）［M］. 北京：中共中央党校出版社，1981：207.
② 毛泽东. 毛泽东军事文集：第6卷［M］. 北京：军事科学出版社，1993：355.

三、社会主义改造、计划经济体制建立
与国家工业化全面推进

　　"毛主席讲：'三年准备，十年建设'。三年准备是指 1950 年、1951 年、1952 年这三年，十年建设在这三年之后进行。"① 1953 年 9 月 25 日，《人民日报》向全国公布党在过渡时期的总路线，标志全面建设时期的展开。

　　"总路线内容是：要在一个相当长的历史时期内，基本上实现国家工业化和对农业、手工业、资本主义工商业的社会主义改造。这是国民经济发展的基本要求，又是实现三大改造的物质基础；而实现对农业、手工业和资本主义工商业社会主义改造又是实现国家工业化的必要条件。两者互相依赖、相辅相成。社会主义建设和生产资料所有制的社会主义改造同时并举，是这条总路线的基本特点。两者的同时并举保证了新民主主义向社会主义的顺利过渡。过渡时期总路线的实质是解决所有制问题。一方面是社会主义公有制的扩大，即国营企业的新建、扩建；另一方面，是把个体小私有制改造成为社会主义集体所有制，把资本主义私有制改造成为社会主义全民所有制。"

　　《人民日报》的表述将国家工业化与社会主义改造之间的逻辑关系

---

　　① 陈云. 陈云文稿选编（1949—1956）[M]. 北京：人民出版社，1982：121.

清晰地展示出来：社会主义改造既是目的，也是手段。对农业、手工业和资本主义工商业社会主义改造，目的是尽快在中国建立起社会主义生产资料所有制；对农业、手工业和资本主义工商业进行社会主义改造，能够保证将国家资源主要集中于工业化领域，这是推动实现国家工业化的唯一手段。社会主义改造与国家工业化并不存在孰先孰后的问题，而是"同时并举"，如同一枚硬币的两面。1953 年 12 月，毛泽东阅改《过渡时期总路线学习和宣传提纲》：在革命胜利后，共产党和全国人民的基本任务，就是要改变中国的落后状况，"使我国由工业不发达的落后的农业国变为工业发达的先进的工业国"；"这就需要实现国家的社会主义工业化，使我国有强大的重工业可以自己制造各种必要的工业装备，使现代工业能够完全领导整个国民经济而在工农业总产值中占绝对优势，使社会主义工业成为我国惟一的工业。"《宣传提纲》强调，"国家社会主义工业化的中心必须是发展重工业""我国第一个五年计划的基本任务就是集中主要力量发展重工业，建立国家工业化和国防现代化的基础。"随后，中共中央批准并转发了《为动员一切力量把我国建设成为一个伟大的社会主义国家而斗争——关于共产党在过渡时期总路线的学习和宣传提纲》，标志党在过渡时期总路线正式确立。1954 年元旦，《人民日报》在元旦献词中对党在过渡时期的总路线作了形象、通俗的比喻："好比一只鸟，它要有一个主体，这就是发展社会主义的工业；它又要有一双翅膀，这就是对农业、手工业的改造和对私营工商业的改造。"① 1954 年 2 月七届四中全会通过决议，正式批准中央政治局确认的这条总路线。1954 年 9 月，在第一届全国人民代表大会上，党在过渡时期总路线的内容被载入第一部《中华人民共和国宪法》，使之上升为整个国家的统一意志。

---

① 一切为了实现国家的总路线 ［N］. 人民日报，1954-01-01.

　　新中国成立初期，在当时的生产关系中，农业、手工业与工商业的资本主义特征最为明显。经过三年国民经济恢复时期，私营与个体工业的比重由 1950 年的 64.5% 下降到 1952 年的 51.3%；国家资本主义及私营商业由 1950 年的 83.6% 下降到 58.0%。① 虽然资本主义成分的比重依然高于社会主义的比重，但其下降趋势十分明显。在同期的整个国民经济中，私营和个体经济提供的财政收入比重由 1950 年 64.7% 下降到 1952 年的 38.6%。② 可以说，公有经济已经占据了主导地位，这为社会主义改造奠定了坚实的基础。农业的社会主义改造首先拉开了序幕。1951 年 12 月，中共中央颁发了一系列决议，提出了农业社会主义改造的路线、方针和政策。1953 年，中共中央先后发布《关于农业生产互助合作的决议》《关于发展农业合作社的决议》等重要文件，标志着农业的社会主义改造正式展开。自此，中国农村走上了农业合作化的道路，渐次经历了互助组、初级社、高级社三个阶段。在此期间，农业生产连续七年保持增长，农民生活逐步得到改善。从 1952 年到 1956 年，农业总产值（按 1952 年不变价格计算）从 484 亿元增加到 583 亿元，增长 20.5%，年均增长 5.1%；全国农民消费水平以 1952 年为 100 元，1956 年则为 115 元，增长 15%，年均增长 3.75%。至 1956 年底，农业社会主义改造基本完成，全国加入合作社的农户达 96.3%。手工业的社会主义改造从 1953 年 11 月开始，采取合作化形式，由手工业生产合作小组、手工业供销合作社逐步过渡到手工业生产合作社。1956 年底，个体手工业的社会主义改造也基本完成，参加手工业合作组织的人数已占全国手工业从业人数的 91.7%。由于大部分农民与手工业者拥护共产党的政策，因此，前两者的社会主义改造过程相对顺利。

---

　　① 中国社会科学院，中央档案馆.中华人民共和国经济档案资料选编（1949—1952）：工商体制卷 [M].北京：中国社会科学出版社，1993：983.

　　② 国家统计局.中国统计年鉴 1993 年 [M].北京：中国统计出版社，1993：218.

对于资本主义工商业的社会主义改造则难度较大。从较早时期，中国共产党领导人就认识到了这个问题。1952 年 10 月，刘少奇率领中共中央代表团参加苏共十九大，受毛泽东委托就中国向社会主义过渡的设想向斯大林征求意见。在给斯大林的信中，刘少奇对中国过渡到社会主义采取的步骤做了说明，"预计经过两个五年计划建设，在公私经济比重中私人工业将不到百分之十，而且大体都要依赖国家供给原料、收购成品。到那时，可以将这一部分私人工业收归国家经营。至于国有化的时机及具体方式，还要看将来的情形来决定。在农业中，准备在今后十年至十五年内将中国多数农民组织在农业生产合作社和集体农场内。估计改造手工业和组织手工业生产合作社，时间可能需要更长。""这封信反映了中共中央领导人对中国怎样过渡到社会主义的新思路"[①]，并且还清楚地表明，中共中央领导人已经就改造农业、手工业与私人工商业的方式方法有了初步的考量与时间表。1952 年 10 月 25 日，周恩来在全国工商联筹备委员会第二次常委会后的座谈会上说："将来用什么方法进入社会主义，现在还不能说得很完整，但总的来说，就是和平转变的道路。……和平转变，是要经过一个相当长的时间，而且要转变得很自然，水到渠成。"1953 年 2 月 19 日，毛泽东在与中南局负责人谈话时说："对民族资产阶级，可以采取赎买的办法。"至此，以"和平赎买"的方式对资本主义工商业进行社会主义改造的思路基本形成。从 1954 年始，中国共产党采取利用、限制、改造与和平赎买方式，逐步使资本主义工商业实现了由初级向高级的国家资本主义过渡。全行业公私合营后，中国共产党采用定息方式支付股息，企业生产资料由国家统一管理和运用。定息停付后，企业彻底变为全民所有制企业。至 1956 年底，实行公私合营的工业企业已占原有资本主

---

① 佚名. 党史百年 | 中国共产党 1952 年大事记 [EB/OL]. 澎湃新闻社，2021-04-10.

义工业总户数和职工人数的 99%，占生产总值的 99.6%。随着社会主义改造的完成，社会主义国营经济比重占比由 19.1% 上升到 33.2%，合作社经济由 1.5% 上升到 56.4%，公私合营经济由 0.7% 上升至 7.6%，资本主义经济由 6.9% 下降到 0，个体经济由 71.8% 下降到 2.8%。这标志着社会主义经济制度在中国真正建立，也为中国的工业化道路打上了社会主义"烙印"。

在《资本论》中，马克思有过这样的论述，"工业较发达的国家向工业欠发达的国家展示了后者未来的图景"①。马克思认为，较为落后国家的发展道路将要遵循先进的或已经实现工业化的国家的历史踪迹。斯大林领导下的苏联通过国家工业化取得的成就，不仅仅在于国家经济结构的变化，更表现为苏联国际地位与影响力的提高。因此，毛泽东领导下的中国在推动国家工业化的初期以苏联模式为摹本变得顺理成章。1953 年开始，中国进入大规模工业经济建设时期。对此，毛泽东提出"准备以 20 年时间完成中国的工业化"②。同年 6 月，他对国家工业化做了这样的表述："什么叫国家基本工业化？工业在国民经济中的比重，至少要达到 51%，或者达到 60% 吧！按照苏联的经验，工业的比重要达到 70% 才算工业化，我们现在还差 42%。我国的工业化，工业比重也要达到 70%。"③ 在希望加速推进国家工业化的同时，毛泽东不断地思考农业、轻工业等相关产业与重工业均衡发展的问题，并且试图避免苏联式工业化的弊端。1957 年，在《关于正确处理人民内部矛盾的问题》的讲话中，毛泽东在谈到工业化道路时指出，"发展工业必须

---

① 中共中央马克思恩格斯列宁斯大林著作编译局编译. 马克思恩格斯全集：第 44 卷 [M]. 北京：人民出版社，2001：8.
② 毛泽东. 毛泽东文集：第 6 卷 [M]. 北京：人民出版社，1999：207.
③ 毛泽东. 在中共中央政治局会议上的讲话（1953 年 6 月 15 日）[J]. 党的文献，2003（4）.

和发展农业同时并举"。① 1959 年底，毛泽东在比较中苏两国工业化道路时认为，生产资料优先增长的规律，是一切社会扩大再生产的共同规律。斯大林的缺点是过分强调重工业的优先增长，结果却忽视了农业。因此，中国的工业化应该有自己的思路，即"我们把这个规律具体化为，在优先发展重工业的条件下，工农业同时并举。我们实行的几个同时并举，以工农业同时并举为最重要"②。

在社会主义改造快速推进的过程中，加快建立重工业基础的紧迫性也变得日益显著。1956 年后，随着国家社会主义工业化战略逐步展开，一种向心效应开始显现，即国家经济大部分领域基本上都被纳入到了工业化进程中。对于如何整体性地推进国家工业化战略，中国共产党的领导人确实存在经验不足的问题，因此，学习借鉴苏联工业化的经验便成为首选项。一方面，中国开始仿照苏联编制国民经济发展计划。"由于我们没有管理全国经济的经验，所以第一个五年计划的建设，不能不基本上照抄苏联的办法。"③ 1952 年初，中共中央决定成立以周恩来为首的领导小组，参考苏联编制经济计划的经验，负责编制中国的第一个五年计划。1952 年 8 月，《关于编制五年计划（1953—1957）轮廓的方针》和《五年建设的任务》相继提出。基本目标就是重点发展重工业，为国家工业化打下基础，在不妨碍重工业的条件下发展国民经济的其他部门，并且在提高人民生活的同时保证经济向社会主义迈进。同期，周恩来率领中国政府代表团出访苏联，征询斯大林对《五年计划轮廓草案》的意见，并商讨苏联对中国援助进行经济建设的具体方案（包括先期展开的 156 项重点工程）。"一五计划"从 1952 年开始编制到 1955年提交人大审议通过，历时三年多，既反映出了中国对国家工业化缺乏

---

① 毛泽东．毛泽东文集：第 7 卷［M］．北京：人民出版社，1999：241.

② 毛泽东．毛泽东文集：第 8 卷［M］．北京：人民出版社，1999：121.

③ 毛泽东．毛泽东文集：第 8 卷［M］．北京：人民出版社，1999：117.

切实的经验，也体现了以毛泽东为首的中国共产党领导人的谨慎态度。另一方面，开始在体制上效仿苏联建立社会主义计划经济体系。1950年8月，中共中央召开第一次全国计划工作会议，讨论编制1951年计划和3年奋斗目标，标志中国计划经济体制决策雏形初步形成。1952年11月，中共中央做出《关于成立国家计划委员会及干部配备方案的决定》，全国性的自上而下的计划管理机构初步建立。1953年10月，中共中央通过《关于实行粮食的计划收购与计划供应的决议》，决定对粮食实行"统购统销"的政策；11月又做出《关于在全国实行计划收购油料的决定》。此后很短时间内，计划收购和供应体系基本覆盖了主要农副产品。以粮棉油统购统销为突破口，通过农业来大力支援工业，是陈云关于推动工业化的重要思考。他指出，"中国是个农业国，工业化的投资不能不从农业上打主意。搞工业要投资，必须拿出一批资金来，不从农业打主意，这批资金转不过来。但是也决不能不照顾农业，把占国民经济将近90%的农业放下来不管，专门去搞工业。"① "至于缩小工农产品价格的剪刀差，这是我们的目标，……但是由于我们工业品少，也不要以为很快可以做到。这个问题我有责任说清楚，因为还要积累资金扩大再生产。"② "现在我们是在粮食、棉花上打算盘……如果还把外汇都用来买这些东西，哪里有钱买机器搞工业建设？所以，要先解决棉花、粮食的问题。"③ 客观上说，计划经济和统购统销政策在当时起了十分重要的作用，不仅稳定了市场，而且基本满足了工业化建设对大宗粮食及主要农副产品的需要。

与此同时，抗美援朝取得了伟大胜利，一方面为中国创造了相对和平稳定的发展环境，另一方面也使斯大林转变了对中国的看法，对中国

---

① 陈云．陈云文稿选编（1949—1956）[M]．北京：人民出版社，1982：97.
② 陈云．陈云文稿选编（1949—1956）[M]．北京：人民出版社，1982：180.
③ 陈云．陈云文稿选编（1949—1956）[M]．北京：人民出版社，1982：97.

争取苏联援助发挥了积极影响。正如 1958 年 7 月毛泽东会见苏联驻中国大使尤金等时说的，"苏联人从什么时候开始相信中国人的呢？从打朝鲜战争开始的。从那个时候起，两国开始合拢了，才有一百五十六项。"① 1950 年，苏联向中国提供的援助（有偿的援助）确实对中国起到了巨大的帮助。苏联援华总金额达到 66 亿卢布，约合当时的 16.5 亿美元。这个数字超过了二战后美国"马歇尔计划"向德国提供的援助金额。1950 年至 1953 年间，除派 1000 多名苏联高级专家到中国工作外，苏联政府还专门为中国培养技术人才。苏联国家计委主席萨布洛夫说："苏联专家不能太多，更不要由专家包办。中国应该多派留学生和技术人员到苏联来学习和实习，逐渐形成中国自己的技术队伍。"② 1954 年初，在苏联高等学校留学的中国学生达 1500 人，除教科书费和公用事业费外，留学生一半的助学金由苏联政府提供。受苏联的影响，东欧各国也通过技术设备援助等方式向中国提供了大约 30.8 亿卢布的资金，约合当时的 7.7 亿美元。据此两项，中国从社会主义国家阵营中共获得大约 24 亿美元的工业援助资金。自此，中国开始了历史上从未有过的大规模工业化建设。1953 年第一个五年计划实施，优先发展重工业，重点建设苏联援建的 156 项骨干工程，涉及石油、煤炭、电力、钢铁、冶金、矿山采掘、化工、机械、纺织、造纸、制糖、交通铁路及国防等领域。这 156 项重点工程，无论在建设规模抑或是在技术水平上，对中国这样一个长期积贫的国家而言，都是史无前例的。这些项目的建成为中国的工业化进程提供了有力的条件，也为后来中国建立起比较完整的基础工业体系与国防工业体系奠定了重要的基础。在以毛泽东为首的中国共产党的领导下，中国开辟了一条从无到有、工业化跨越式

---

① 中共中央文献研究室. 毛泽东年谱（1949—1976）：第三卷［M］. 北京：中央文献出版社，2013：392.

② 聂荣臻. 聂荣臻回忆录［M］. 北京：解放军出版社，2007：241.

发展的途径，为这个落后的农业国转变为工业国、进而实现民族复兴开辟了道路。至 1957 年"一五计划"完成，我国工业增加值由 1952 年的 119.8 亿元增长至 1957 年的 271 亿元，年均增长约 17.73%；工业占国民经济的比重由 1952 年的 17.64% 上升至 1957 年的 25.34%；其中，重工业投资占五年工业投资总额的 85%。

以独立自主、自力更生的方式，建立起国家独立、完整的工业体系是毛泽东为首的中国共产党领导人的远见卓识。毛泽东指出，"没有完整的工业体系，怎么能说有了社会主义工业化的巩固基础？"[1] 以当下现实反观之前的历史，这个决策不可谓不伟大英明。1954 年 9 月，苏联领导人赫鲁晓夫首次访华，参加中华人民共和国五周年庆典。周恩来在致辞中说道："感谢伟大的苏联人民，我们的伟大盟国苏联给了我们慷慨无私的援助，这是我们的事业能取得胜利的重要因素。"那一刻，中国共产党领导人与中国人民对苏联心存感激。从 1955 年开始，苏联派遣上万名专家来华，并在发电、水力、军械、通信等 141 个工业大项目上提供了有力支援。1956 年 10 月 11 日，周恩来在国务院常务会议上讨论关于苏联援助我国第二个五年计划建设项目谈判情况报告时的发言中指出："苏联同志不了解，中国这样一个大国不搞一套完整的工业体系是不成的。斯大林过去到讲过这样的话。他对毛主席说，你们各种工业部门都要搞起来，要担负起保卫东方的责任。苏联帮助我们，从两个社会主义国家来说是互利的。"[2] 但是到 1958 年 7 月，赫鲁晓夫在第二次访华时，在经济上，提出了希望中国加入经济互助委员会，并试图将中国纳入其对待东欧社会主义国家一般的工业"卫星"体系；在军事上，提出建造长波电台与建立联合舰队的想法。1959 年 10 月，赫鲁晓

① 佚名. 毛泽东读社会主义政治经济学批注和谈话 [M]. 北京：社会科学出版社，1998：204.

② 中共中央文献研究室. 周恩来经济文选 [M]. 北京：中央文献出版社，1993：330.

夫第三次访华，并重提长波电台与联合舰队。在遭到毛泽东的拒绝后，赫鲁晓夫恼羞成怒。1960 年中苏关系开始恶化，苏联撤回所有在华的专家，全面终止了各项对华援助，并索讨债务。毛泽东决定，"现在就算勒紧裤腰带也要争取在五年内把这债务提前还清了"。当时中国所处的内外环境都异常艰难。一方面，中国既遭受西方阵营的"贸易封锁"，也面临着东方阵营的"逼索孤立"；另一方面，国内面临着严重自然灾害。在受美苏两个霸权体系同时封锁的国际环境下，唯一的依靠就是"自立更生"。为了不致使苏联撕毁协议撤走专家、资金的项目变成"烂摊子"，中国共产党与中国人民只能"勒紧裤腰带"继续实施、推进工业化战略。

1960 年 6 月，中共中央政治局在上海举行扩大会议。会议主要讨论了国际形势和第二个五年计划后三年（1960 年至 1962 年）补充计划问题。毛泽东在《十年总结》的讲话中强调："对于我国的社会主义革命和建设，我们已经有了十年的经验了。""但是我们对于社会主义时期的革命和建设，还有一个很大的盲目性，还有一个很大的未被认识的必然王国。""我们要以第二个十年时间去调查它，去研究它，从其中找出它的固有的规律，以便利用这些规律为社会主义的革命和建设服务。"[①] 这次会议表明，毛泽东为首的中国共产党领导人开始反思并总结国民经济建设与国家工业化战略实施过程中的经验与不足。关于均衡问题，再次成为党的领导人关注的焦点。虽然遭遇着巨大困难，但是坚定实施国家工业化战略的意志并未改变。1962 年 1 月，刘少奇在扩大的中央工作会议上的报告中指出："我国的社会主义建设，必须自力更生，必须在我们这样一个大国中建立起强大的独立的经济体系。这不但是我国人民的根本利益，而且关系到全世界无产阶级和全人类解放事业

---

① 中共中央文献研究室. 建国以来毛泽东文稿：第 9 册［M］. 北京：中央文献出版社，1996：216.

的根本利益。"①

总体来说，从 1956 年到 1966 年，是中国共产党领导中国人民进行社会主义建设与探索过程中曲折的十年。尽管期间遭受了严重的挫折，但是国家工业化进程依然得到全面推进，工业建设与科学技术取得巨大成就。以 1966 年同 1956 年相比，全国工业固定资产按原价计算，增长了 3 倍。棉纱、原煤、发电量、钢和机械设备等主要工业产品的产量都有很大增长。石油工业的发展尤其突出，到 1965 年实现原油全部自给。电子工业、石油化工、原子能、航天等一批新兴工业逐步建设了起来，初步改善了工业布局，形成了有相当规模和一定技术水平的工业体系。铁路、公路、水运、航空、邮电等领域也有较大的发展。科学技术领域取得比较突出的成果，国防科学技术进展最为显著。1964 年 10 月 16 日，中国成功地爆炸了第一颗原子弹。导弹和人造卫星的研制也取得突破性进展。1965 年，中国科学家在世界上首次人工合成结晶牛胰岛素。这些成就集中代表了我国科学技术领域所达到的新水平。

四、工业化赶超战略及其曲折实践

在研究落后国家的工业化进程时，亚历山大·格申克龙得出一个结论："在许多重要的历史实例中，当一个落后的国家最终发起工业化时，其工业化进程与更先进的国家相比来说，将显示出相当大的不同。这不仅体现在发展的速度（工业增长率）上，而且还体现在从这些进程中产生的工业的生产结构和组织结构方面。"他还认为，"工业化进

---

① 刘少奇. 刘少奇选集：下卷 [M]. 北京：人民出版社，1985：366.

程所处的文化氛围，即它的'精神'或'意识形态'，在先进国家与落后国家之间也有显著的不同。最后，这些落后的属性在各个实例中显现的程度，看起来是与当事国的落后程度以及其天然的工业潜力直接相关联的。"① 易言之，亚历山大·格申克龙的观点概括起来就是两点：一是后起国家更讲求速度，二是工业化需要毅力、态度或者精神。如果用这个结论来解释中国的工业化进程，那显然就是犯了逻辑上的错误，因为他的观点原本就是从中国得出的。将一个落后的传统农业国建设成为富强的社会主义现代化工业国，其间既包含了性质与方向问题，又隐藏着时间问题。中国有句古语："不进则退。"在别人也在发展的前提下，如果不加快发展速度，就意味着与别人的差距永远无法弥补。因此，"速度"成为国家工业化的重要问题之一。很显然，以毛泽东为首的中国共产党人以"时不我待"之意愿选择了"快"这个答案，工业化赶超即是这种意愿的集中反映与体现。

调动广大人民群众建设新中国的积极性，尽快推动国民经济发展，提升新中国在国际上的地位，早日实现国家富强，这是执政后的以毛泽东为首的中国共产党人思考的重要问题。早在1949年3月的中共七届二中全会上，毛泽东这样表述："在革命胜利以后，迅速地恢复和发展生产，对付国外的帝国主义，使中国稳步地由农业国转变为工业国，把中国建设成一个伟大的社会主义国家。"② "稳步"一词既表现了谨慎的态度，又透露出了坚定的意志。国民经济恢复任务的快速实现使以毛泽东为首的中国共产党领导人对社会主义制度发挥优越性的信心进一步得到增强。1954年6月，毛泽东再次表达了对国家工业实力薄弱现状的担忧。他说："现在我们能造什么？能造桌子椅子，能造茶碗茶壶，能

---

① 亚历山大·格申克龙. 经济落后的历史透视 [M]. 张凤林，译. 北京：商务印书馆，2009：10-11.
② 毛泽东. 毛泽东选集：第4卷 [M]. 北京：人民出版社，1991：1437.

种粮食，还能磨成面粉，还能造纸，但是，一辆汽车、一架飞机、一辆坦克、一辆拖拉机都不能造。"① 1954 年 9 月，第一部《中华人民共和国宪法》颁布，标志着社会主义制度在中国确立。此后，毛泽东的战略思考转向了如何推进和实现国家社会主义工业化方面。1955 年 3 月，在中国共产党全国代表会议上，毛泽东指出："要建成社会主义社会，并不是轻而易举的事。我们可能经过三个五年计划建成社会主义社会，但要建成一个强大的高度社会主义工业化的国家，就需要有几十年的艰苦努力，比如说，要有五十年的时间，即本世纪的整个下半世纪"，"我们现在是处在新的历史时期。一个六万万人口的东方国家举行社会主义革命，要在这个国家里改变历史方向和国家面貌，要在大约三个五年计划期间内使国家基本上工业化，并且要对农业、手工业和资本主义工商业完成社会主义改造，要在大约几十年内追上或赶上世界上最强大的资本主义国家"。② 毛泽东非常清楚地阐述了国家工业化一定需要农业合作化来支撑、来保证的观点。他说，农业可以为重工业提供粮食和原料，可以为工业化提供市场，也可以为国家工业化提供原始的积累。1955 年 10 月，在工商业社会主义改造问题座谈会上，毛主席明确解释了"赶超"的目标："我们的目标是要赶上美国，并且要超过美国。……究竟要几十年，看大家努力，至少是五十年吧，也许七十五年，七十五年就是十五个五年计划。"③ 至 1956 年前，毛泽东一直强调社会主义建设不能"急于求成""不能讲死"。中国共产党的主要领导人也保持着较为清醒的认识，"欲速则不达"成为"不进则退"的警示。随着经济情况的好转，加上迫切希望改变国家贫困落后面貌的心理，再加上苏联

---

① 毛泽东. 毛泽东文集：第 6 卷 [M]. 北京：人民出版社，1999：329.
② 中共中央文献研究室. 建国以来毛泽东文稿：第 5 册 [M]. 北京：中央文献出版社，1991：63.
③ 毛泽东. 毛泽东文集：第 6 卷 [M]. 北京：人民出版社，1999：500.

"用了 12 年的时间恢复经济，用了 7 年的时间完成了社会主义所有制改造"事实的激励，以毛泽东为首的中国共产党领导人对于通过发挥社会主义优越性加快推进国家工业化的态度也变得越来越坚定。新中国成立后的前七年，中国只用了三年时间恢复经济，又用了不到三年时间完成了社会主义改造。这一速度使毛泽东坚信中国能够在国民经济建设与国家工业化过程中创造出奇迹。1956 年 1 月，毛泽东在第六次最高国务会议讲话中指出："过去几个月来社会主义改造的速度大大超过了人们的预料，目前我们国家的政治形势已经起了根本的变化。""许多曾经被认为办不到的事情现在也可以办了。我国的第一个五年计划有可能提前完成或者超额完成。"① 在对形势乐观估计的同时，他进一步提出发展速度的问题，"要在几十年内，努力改变我国在经济上和科学文化上的落后状况，迅速达到世界上的先进水平"。② 从落后到先进意味着一个巨大的跨越，再强调"迅速"，这充分表明了党的领导人思想中"快"的情绪逐步取代了先前的"稳"。1956 年 8 月，毛泽东在八大预备会议上说："你有那么多人，你有那么一块大地方，资源那么丰富，又听说搞了社会主义，据说是有优越性，结果你搞了五六十年还不能超过美国，你像什么样子呢？那就要从地球上开除你的球籍！所以，超过美国，不仅有可能，而且完全有必要，完全应该。"③ 1957 年 11 月，赫鲁晓夫在纪念十月社会主义革命四十周年大会上，向世界社会主义国家的领导人公开宣布，苏联在最近的十五年内不仅可以赶上，而且可以超过美国目前的各种最重要的产品的总产量。④ 受苏联领导人言论的鼓舞，毛泽东说："赫鲁晓夫同志告诉我们，十五年后，苏联可以超过美

① 毛泽东. 毛泽东文集：第 7 卷 [M]. 北京：人民出版社，1999：2.
② 毛泽东. 毛泽东文集：第 7 卷 [M]. 北京：人民出版社，1999：2.
③ 毛泽东. 毛泽东文集：第 7 卷 [M]. 北京：人民出版社，1999：89.
④ 佚名. 苏联最高苏维埃举行庆祝大会 [N]. 人民日报，1957-11-07（1）.

国。我也可以讲，十五年后我们可能赶上或者超过英国。"① 其后，毛泽东在莫斯科也公开提出了"十五年后中国在钢产量和其他主要工业产品产量方面超过英国"的想法。从这一刻起，钢产量成为中国工业化赶超战略的核心内容。1957 年 12 月，在全国总工会第八次代表大会上，刘少奇代表中共中央致辞，正式宣布"赶超英国"的口号："在十五年后，苏联的工农业在主要产品的产量方面赶上或者超过美国，我们应当争取在同一时期内，在钢铁和其他重要工业产品的产量方面赶上或者超过英国。"② 1958 年元旦，《人民日报》发表《乘风破浪》的社论，提出："我们要在十五年左右的时间内，在钢铁和其他重工业产品的产量方面赶上和超过英国，在这以后，还要进一步发展生产力，准备要用二十年到三十年的时间，在经济上赶上并且超过美国。"③ 在人民热情与舆论鼓舞的相互促进下，赶超时间表进一步拨快。1958 年 4 月，毛泽东在《介绍一个合作社》一文中写道："由此看来，我国赶上英美不需要从前所想到那样长的时间里，二十五年或者更多一点的时间也就够了。"④ 1958 年 5 月，毛泽东在一份报告批语中提出，"我国七年赶上英国、再加八年或十年赶上美国的任务"。1958 年 5 月 5 日至 23 日，中共八大二次会议在北京举行。大会正式提出了"鼓足干劲、力争上游、多快好省地建设社会主义"的总路线。当日，毛泽东的指示在中共八大二次会议上公布，从而形成了"超英赶美"的新时间表。八大二次会议提出的总路线，反映了广大人民群众迫切要求尽快改变我国经济文

① 吴冷西. 十年论战：中苏关系回忆录（1956—1966）[M]. 北京：中央文献出版社，1999：119.
② 中共中央文献研究室. 建国以来重要文献选编：第 11 册 [M]. 北京：中央文献出版社，2011：231.
③ 佚名. 乘风破浪 [N]. 人民日报，1958-01-01.
④ 中共中央文献研究室. 建国以来毛泽东文稿：第 7 册 [M]. 北京：中央文献出版社，1992：179.

化落后状况的普遍愿望，但违背了经济建设所必须遵循的客观规律。①
会后，以片面追求工农业生产和建设的高速度，大幅度地提高和修改
计划指标为特征的"大跃进"运动在全国范围内展开。差不多一个月
后，毛泽东在中央军委扩大会议上又缩短了时间表，"我们三年基本
超过英国，十年超过美国，有充分把握"。与此同时，《人民日报》
发表题为《力争高速度》的社论：速度是总路线的灵魂，"用最高的
速度来发展我国的社会生产力，实现国家工业化和农业现代化，是总
路线的基本精神。它像一条红线，贯穿在总路线的各个方面"。② 1958
年9月，毛泽东在最高国务会议上的第二次讲话中，再次将时间表提
前，"第二个五年计划就要接近或赶上美国。再加两年，七年，搞一亿
五千万吨，超过美国，变成天下第一"。从"十五个五年计划""五个
五年计划""两个五年计划"再到"用不了两个五年计划"，在不到半
年的时间内，"赶英超美"的时间表不断被缩短，要求的发展速度也日
益加快。

　　客观上说，尽管毛泽东片面强调了社会主义工业化速度，但这与
当时中国面临的现实问题、国际环境有着密切的关系。20世纪50年
代末，西方国家进一步对中国进行经济封锁。1960年7月，赫鲁晓夫
撕毁中苏两国签订的合同、撤走专家。在中苏关系交好的环境中，毛
泽东以参考苏联的经验为出发点，并对苏联经验有着客观、清醒的认
识。在中苏关系趋于恶化后，毛泽东并未丧失中国建设社会主义的信
心。相反，他依靠本国力量加快工业化的意愿表现得更加强烈。在这
种局面下，毛泽东强调："1917年到1945年，苏联是自力更生，一

---

① 中央宣传部，中央党史，文献研究院，等. 中国共产党简史［M］. 北京：人民出版
　　社，2021：193.
② 佚名. 力争高速度［N］. 人民日报，1958-06-21.

个国家建设社会主义。这是列宁主义的道路，我们也要走这个道路。"① "各国的社会主义革命虽然在主要方面和基本方面是一致的，……必然具有自己特别的具体的社会主义建设的形式和方法，这些形式和方法是由每一个国家发展的历史、民族、经济、政治和文化条件，人民的传统，以及某一个时期的国际环境产生的。"② 毛泽东曾评价说，这个提法好。③ 他认为，既要向苏联学习，又不能照搬照抄。中国的社会主义工业化要立足于自身的力量而非外部的力量，"放在自己力量的基点上，叫做自力更生"④，"每个社会主义国家的建设事业主要地应依靠自力更生"⑤。1960 年 2 月，毛泽东再次强调："在国与国的关系上，我们主张，各国尽量多搞，以自力更生、不依赖外援为原则。自己尽可能独立地搞，凡是自己能办的，必须尽量地多搞。只有自己实在不能办的才不办。特别是农业，更应当搞好。"⑥ 随着毛泽东逐步转变以苏联模式推进中国工业化的想法，"自力更生"的含义变得更加广泛，不仅仅是指依靠自身的经济条件与能力，而且也在于倚重自身的思考方式与做法。在"自力更生"口号的激励下，国家工业化在全国范围内展开。正如毛泽东豪迈的诗句一样，"一万年太久，只争朝夕"。

不可否认，中国共产党领导人一直在试图找到解决"快而失衡"问题的答案。主管国家计划与财经工作的陈云指出："一个国家，应该

---

① 中共中央文献研究室. 毛泽东经济年谱 [M]. 北京：中共中央党校出版社，1993：103.
② 佚名. 苏联《政治经济学教科》（修订第三版）：下册 [M]. 北京：人民出版社，1959：329.
③ 毛泽东：《读苏联〈政治经济学教科书〉的谈话》（节选）（一九五九年十二月——一九六○年二月）。
④ 毛泽东. 毛泽东选集：第 4 卷 [M]. 北京：人民出版社，1991：1132.
⑤ 中共中央文献研究室. 建国以来重要文件选编：第 19 册 [M]. 北京：中央文献出版社，2011：60.
⑥ 毛泽东. 毛泽东文集：第 8 卷 [M]. 北京：人民出版社，1999：128-129.

根据自己当时的经济状况，然后来规定计划中应有的比例。究竟几比几才是对的，这是很难说的。唯一的办法只有看是否平衡。合比例就是平衡的；平衡了，大体上也会是合比例的。"① 在"一五计划"时期，陈云提出了要注重农业与工业、轻工业与重工业、重工业内部各部门之间等五大比例关系。后来，他又补充了要处理好重工业、轻工业和农业的投资比例关系，煤、电、运输等先行工业部门和其他工业部门的比例关系以及钢铁工业和机械工业、民用工业和军用工业的比例关系。他认为，按比例才能协调前进，才能配套，才是最快的发展速度；是否按比例，是经济稳定或不稳定的界限。1956 年 4 月 25 日在中央政治局扩大会议上，毛泽东作了《论十大关系》的报告。他指出，重工业和轻工业、农业的关系是国民经济中最重要的比例关系。"重工业是我国建设的重点。必须优先发展生产资料的生产，这是已经定了的。但是决不可以因此忽视生活资料尤其是粮食的生产。如果没有足够的粮食和其他生活必需品，首先就不能养活工人，还谈什么发展重工业？所以重工业和轻工业、农业的关系，必须处理好。"他认为，用多发展一些农业、轻工业的办法来发展重工业，"会使重工业发展得多些和快些，而且由于保障了人民生活的需要，会使它发展的基础更加稳固"。② 毛泽东在《论十大关系》中的许多论点，都是富有创见性的，同时也包含了相对平衡发展的初步思路。1958 年"二五计划"实施后，针对国家工业化出现的新问题、新特点，陈云指出："已经摆开的建设规模，不仅农业负担不了，而且也超过了工业的基础。"③ 因此，陈云提出了"综合平衡"的思想，认为国民经济应该"有计划按比例发展"。这一思想后来得到了毛泽东的充分肯定。1959 年 7 月，在庐山召开中央政治局扩大

① 陈云.陈云文稿选编（1949—1956）［M］.北京：人民出版社，1982：228.
② 毛泽东.毛泽东文集：第 7 卷［M］.北京：人民出版社，1999：24-25.
③ 陈云.陈云文选：第 3 卷［M］.北京：人民出版社，1986：195.

会议的过程中，毛泽东在多次讲话时提出："大跃进的重要教训之一，主要缺点是没有搞平衡……在整个经济中，平衡是个根本问题，有了综合平衡，才能有群众路线。""农业内部农、林、牧、副、渔的平衡；工业内部各个部门、各个环节的平衡。"他赞成陈云同志提出的"先市场，后基建，先安排好市场，再安排基建"，说"要把衣、食、住、用、行五个字安排好，这是六亿五千万人民安定不安定的问题"，并且提出是否把"重、轻、农"的次序改为"农、轻、重"。① 1961 年 1月，在中共八届九中全会上，为了纠正"大跃进"时期发生的"左"的错误，克服国家财政经济上存在的严重困难，中共中央提出了"调整、巩固、充实、提高"八字方针，对国民经济各个环节进行调整，主要措施包括降低积累率，压缩基本建设规模，相应扩大消费基金；缩短工业战线，主要是缩短重工业战线；加强对农业的支援，逐步恢复和发展农业生产，为恢复和发展轻工业和改善人民生活创造前提条件等。毛泽东在讲话时重提"没有调查就没有发言权"。他指出："这些年来，我们的同志调查研究工作不做了。要是不做调查研究工作，只凭想象和估计办事，我们的工作就没有了基础。所以，请同志们回去后大兴调查研究之风，一切从实际出发，没有把握就不要下决心。"他说，"情况明，决心大，方法对"是关键，情况明"这是一切工作的基础，情况不明，一切无从着手。因此要摸清情况，要做调查研究"。② 经过调查研究，他清楚认识到政策与现实的偏差。他说："社会主义和资本主义比较，有许多优越性，我们国家经济的发展，会比资本主义国家快得多。可是，中国的人口多、底子薄，经济落后，要使生产力很大地发展起来，要赶上和超过世界上最先进的资本主义国家，没有一百多年的时

---

① 毛泽东. 毛泽东文集：第 8 卷 [M]. 北京：人民出版社，1999：78，80.
② 毛泽东. 毛泽东文集：第 8 卷 [M]. 北京：人民出版社，1999：233-234.

间，我看是不行的"①，并强调建成社会主义不要说得太早。随着各条战线调整政策的确立与执行，1961—1965 年国民经济进入调整时期。②当国民经济调整工作取得巨大成就的时候，中国共产党适时提出了新的奋斗目标。1964 年 12 月，周恩来在三届人大一次会议上，郑重提出实现"四个现代化"的历史任务，即"要在不太长的历史时期内，把我国建设成为一个具有现代农业、现代工业、现代国防和现代科学技术的社会主义强国，赶上和超过世界先进水平"③。自此，"实现四个现代化"成为中国共产党领导人民为之持续奋斗的宏大目标，在逐步形成工业化赶超战略的过程中，关于国家工业建设布局这一重大问题，以毛泽东为首的中国共产党领导人表现出了一定的前瞻性。1956 年，毛泽东在《论十大关系》中指出："我国全部轻工业和重工业，都有约百分之七十在沿海，只有百分之三十在内地。这是历史上形成的一种不合理的状况。沿海的工业基地必须充分利用，但是，为了平衡工业发展的布局，内地工业必须大力发展"，"使工业布局逐步平衡，并且利于备战"。④ 进入 1960 年，国际形势和中国周边环境都发生急剧变化，国家安全形势日益严峻。在北面，中苏关系破裂，两国之间的矛盾日渐公开尖锐，苏联在、中苏中蒙边境陈兵百万，并最终导致中苏边境发生严重的武装冲突。在南面，中印在边境地区爆发较大规模战争，中国取得自

① 毛泽东．毛泽东文集：第 8 卷［M］．北京：人民出版社，1999：302．
② 《关于建国以来党的若干历史问题的决议》把调整开始的时间表述为 1960 年冬。决议的表述是："一九六零年冬，党中央和毛泽东同志开始纠正农村工作中的'左'倾错误，并且决定对国民经济实行'调整、巩固、充实、提高'的方针。"大多数学者认为国民经济调整时期是从 1961 年至 1965 年底。其主要依据是：中共八届九中全会在 1961 年 1 月正式决定对国民经济实行"调整、巩固、充实、提高"的八字方针，这是调整时期的开始；1963 年 9 月中共中央做出延长调整时间至 1965 年的决定，这意味着调整时期于 1965 年结束。
③ 周恩来．周恩来经济文选［M］．北京：中央文献出版社，1993：563．
④ 毛泽东．毛泽东文集：第 7 卷［M］．北京：人民出版社，1999：25-26．

卫反击战胜利。同时，美国侵越战争不断升级，对中国南部边境构成了巨大威胁。加之，台湾国民党当局加紧对大陆东南沿海地区武装袭扰。这些因素都促成了毛泽东对于战争与和平判断的转变。面对迫在眉睫的战争形势，国防安全已变成头等大事。1964 年 6 月，毛泽东在中央工作会议上提出："我们不是帝国主义的参谋长，不晓得它什么时候要打仗……要搞三线工业基地的建设，一、二线也要搞点军事工业。各省都要有军事工业。"① 1964 年 8 月，毛泽东在中央书记处会议上两次讲话中强调："要准备帝国主义可能发动侵略战争，现在工厂都集中在大城市和沿海地区，不利于备战。工厂可以一分为二，要抢时间迁至内地去，各省都要建立自己的战略后方。不仅工业交通部门要搬家，而且院校和科研单位也要搬家。"② 1964 年 9 月，中央书记处会议决定："首先集中力量建设三线，在人力、物力、财力上给予保证。"1964 年 10 月，毛泽东在一份批示中明确指出必须立足于战争，以准备大打、早打出发，积极备战，立足于早打、大打、打原子战争。③ 正是基于当时的判断"战争会早打、大打"，因此，要抢时间争速度，赶在战争爆发前尽快建设三线战略大后方。1965 年 11 月，国务院批准"三五"计划（草案），三线建设全面拉开了序幕。从 1964 年开始，三线建设第一阶段总投资 560 多亿元，占同期全国基本建设总投资的 48.5%。1964 年至 1966 年是三线建设的第一个高潮，以大西南为重点，据不完全统计，在西南、西北三线地区安排了 300 多项大中型项目。④ 三线建设是以战备为指导思想的在中西部地区 13 个省、自治区进行的大规

① 薄一波. 若干重大决策与事件的回顾：下卷 [M]. 北京：中共中央党校出版社，1993：1199-1200.
② 宋毅军. 邓小平在三线建设战略决策的前前后后（上）[J]. 党史文苑，2014（15）.
③ 袁德金. 论新中国成立后毛泽东战争与和平理论的演变 [J]. 军事历史，1994（4）.
④ 冯明，黄河. 三线建设历史回眸 [N]. 中国社会科学报，2022-07-04（5）.

模国防、科技、工业和交通基本设施建设，也是中国工业发展史上一次极大规模的迁移过程。这是中国在特殊时期采取的特殊战略。尽管在当时国民经济严重困难的局面下，搞三线建设消耗了大量的人力、财力与物力，但三线建设确实也产生了积极的效果：一是使中国建成了比较完整的战略后方基地，增强了国防实力；二是改善了我国的工业布局，缩小了东西部工业发展差距，并为改革开放之后的国家工业化产生了巨大作用。

1963 年至 1965 年，在"调整、巩固、充实、提高"方针的指导下，整个国民经济调整工作取得良好的效果：工农业生产接近后者并超过历史最高水平。1965 年工农业总产值比 1957 年增长了 80%，其中农村总产值增长 55.1%；国民经济主要比例关系基本恢复正常。轻重工业的比例由 1960 年的 33∶67 上升到 1965 年的 51∶49。粮食总产量达到 19 450 万吨，接近 1957 年水平；财政平衡，市场稳定，人民生活有所改善。改变了国家财政自 1958 年来连续 4 年出现的大量赤字，略有结余，并偿清全部外债。① 1965 年底，正当国民经济调整任务基本完成，准备执行第三个五年计划时，"文化大革命"发生了。1966 年至 1976 年"文化大革命"十年间，我国国民经济建设与国家工业化仍然取得了进展，对外工作也打开了新的局面。但是，如果没有"文化大革命"，我国的社会主义事业会取得大得多的成就。② 习近平总书记指出，"文化大革命"十年内乱导致我国经济濒临崩溃的边缘，人民温饱都成问题，国家建设百业待兴。党内外强烈要求纠正"文化大革命"的错误，使党和国家从危难中重新奋起。并且，"对历史人物的评价，应该放在其所处时代和社会的历史条件下去分析，不能离

①　国家统计局．中国统计年鉴 1983［M］．北京：中国统计出版社，1983：20-25.

②　佚名．1966 年："文化大革命"十年内乱开始［N］．光明日报，2019-09-28（3）.

开对历史条件、历史过程的全面认识和对历史规律的科学把握，不能忽略历史必然性和历史偶然性的关系。不能把历史顺境中的成功简单归功于个人，也不能把历史逆境中的挫折简单归咎于个人。不能用今天的时代条件、发展水平、认识水平去衡量和要求前人，不能苛求前人干出只有后人才能干出的业绩来"①。

---

①　习近平. 论中国共产党历史［M］. 北京：中央文献出版社，2021：56-57.

第三章

改革开放和社会主义现代化建设
新时期工业化思路及其效果

"放眼那个时候的世界，社会主义苏联发展壮大，东欧成为社会主义的天下，亚非拉被压迫民族的解放运动风起云涌，确实有'东风压倒西风'的气象啊！新中国就是沐浴着这个东风诞生的，也是借助这个东风站住了脚的。后来，在复杂国际形势影响下，我们对世界大势的判断有些偏离，认为要打世界大战，国内'以阶级斗争为纲'，错失了重要发展机遇。这在我们党关于建国以来若干历史问题的决议中有深刻总结。"① 习近平总书记的这段话概括了自新中国成立以来到"文化大革命"结束的时代背景与历史特征。历史经验表明，任何改革或是创新，总是最先从人们的头脑与思想开始的。1978 年 5 月，《光明日报》刊发题为"实践是检验真理的唯一标准"的特约评论员文章，进而掀起了席卷全中国上下的关于真理标准问题的大讨论。这场大讨论对中国社会思想领域所起的巨大震撼作用，是任何评价都不为过的。正如习近平总书记后来说的那样，"中国人民坚持解放思想、实事求是，实现解放思想和改革开放相互激荡、观念创新和实践探索相互促进，充分显示了思想引领的强大力量"②。

---

① 习近平. 论中国共产党历史 [M]. 北京：中央文献出版社，2021：18.
② 关铭闻. 1978—2018 坚定改革开放再出发的信念——纪念《实践是检验真理的唯一标准》刊发 40 周年 [J]. 党的生活，2018（12）.

　　"文化大革命"结束后，以邓小平为主要代表的中国共产党领导人开始重新思考、认识社会主义经济与政治的关系。1978 年 12 月 18 日，中国共产党第十一届中央委员会第三次全体会议召开。会议高度评价了关于实践是检验真理的唯一标准的讨论，重新确立"解放思想、实事求是"的思想路线，做出了改革开放这一"决定当代中国命运的关键抉择"①。十一届三中全会后，邓小平指出："社会主义现代化建设是我们当前最大的政治，因为它代表着人民的最大的利益，最根本的利益。"② "经济问题是压倒一切的政治问题。不只是当前，恐怕今后长期的工作重点都要放在经济工作上面。"③ 1984 年，他在与中外经济学家谈中国的发展战略和经济政策时说："在经济问题上，我是个外行，也讲了一些话，都是从政治角度讲的。比如说，中国的经济开放政策，这是我提出来的，但是如何搞开放，一些细节，一些需要考虑的具体问题，我就懂得不多了。今天谈这个问题，我也是从政治角度来谈。"④

　　不难理解，尽管邓小平也将经济纳入政治思考的框架，但二者的关系却显著地发生了改变。在毛泽东时代，经济是政治的手段。发展经济，提高人民的生活水平，这是直接的目的，但是根本的目的是证明社会主义的优越性。而在邓小平时代，经济成为政治的目的，并且是压倒一切的目的。发展经济的目的就是要解放和发展生产力，实现人民生活的富裕。社会主义优越性不再是一个"不证自明"的命题，而是必须通过实践来检验的现实命题。依据邓小平的理解，在确立了"发展经济是压倒一切的政治问题"这一前提后，"以经济建设为中心"便从理论解释的角度完成了对中国共产党指导思想的调整。从 20 世纪 50 年代

---

① 中国共产党第十七次全国代表大会文件汇编 [M]. 北京：人民出版社，2007：10.
② 邓小平. 邓小平文选：第 2 卷 [M]. 北京：人民出版社，1993：163.
③ 邓小平. 邓小平文选：第 2 卷 [M]. 北京：人民出版社，1993：194.
④ 邓小平. 邓小平文选：第 3 卷 [M]. 北京：人民出版社，1993：77.

初的"发展生产力是主要任务",到 20 世纪 60 年代初的"经济建设与阶级斗争并重",又到 20 世纪 70 年代的"以阶级斗争为纲",再到 20 世纪 80 年代的"以经济建设为中心",这是中国共产党通过深刻认识现实国情和艰苦探索实践获得的经验。从"以阶级斗争为纲"到"以经济建设为中心",1980 年以后,国家工业化道路重新走上了正轨。毫无疑问,这是以邓小平为主要代表的中国共产党领导人在重新正确理解马克思关于"生产力高度发展"理论前提的基础上获得的结果。马克思、恩格斯曾经强调,共产主义(社会主义)制度发挥优越性必须具备的前提,即只有生产力高度发展并能够为生产创造丰富的物质条件的基础上,才能为一个更高级的、以每个人的全面而自由发展为基本原则的社会形态创造坚实的现实基础。否则,"那就只会有贫穷的普遍化,而在极端贫困的情况下,就必须重新开始争取必需品的斗争,也就是说全部陈腐的东西又要死灰复燃"[1]。1978 年之前的中国社会主义革命与建设的历史恰能印证这一点。"由于对国际国内形势的认识逐步发生偏差,指导思想也发生了偏差","可以说没有找到一条完全符合中国实际的建设社会主义的道路"[2]。脱离实际的超高速工业化、事与愿违的实际结果直接挫伤了人民群众对社会主义制度的美好憧憬。正是因为在社会主义制度的优越性与现实情况之间横亘着一条"卡夫丁"峡谷,因此,20 世纪 80 年代后,中国共产党领导人重新诠释了"社会主义制度优越性"。邓小平提出:"贫穷不是社会主义,社会主义要消灭贫穷。不发展生产力,不提高人民的生活水平,不能说是符合社会主义要求的。"[3] "社会主义的优越性归根到底要体现在它的生产力比资本主义发

---

① 中共中央马克思恩格斯列宁斯大林著作编译局编译.马克思恩格斯选集:第 3 卷 [M].北京:人民出版社,1995:39.

② 习近平.论中国共产党历史 [M].北京:中央文献出版社,2021:17.

③ 邓小平.邓小平文选:第 3 卷 [M].北京:人民出版社,1993:116.

展得更快一些、更高一些，并且在发展生产力的基础上不断改善人民的物质文化生活。"① 在中国共产党与全国上下通过思想解放取得了正确的认识后，国家工业化进程再次启动，并逐步展示出了有中国特色的新特征。

一、改革开放与城市工业化、农村工业化

1978 年 11 月 10 日，中央工作会议在北京召开。这次会议开了一个多月，为党的十一届三中全会的召开做了充分的准备，"中央工作会议和随后召开的党的十一届三中全会，是紧密联系的两个会议。没有之前的中央工作会议，就没有后来的十一届三中全会"。② 1978 年 12 月 13 日，在中央工作会议闭幕会上，邓小平做题为《解放思想，实事求是，团结一致向前看》的报告时指出："首先是解放思想。只有思想解放了，我们才能正确地以马列主义、毛泽东思想为指导，解决过去遗留的问题，解决新出现的一系列问题。""如果现在再不实行改革，我们的现代化事业和社会主义事业就会被葬送。"③ 这个重要讲话实际上成为十一届三中全会的主题报告。12 月 18 日至 12 月 22 日，中共十一届三中全会召开。由于前期的中央工作会议为十一届三中全会的召开打下了坚实的基础，工作准备充分，指导思想明确，因此，全会取得了重大成果，结束了"以阶级斗争为纲"，并且重新确立马克思主义的思想路线、政治路线、组织路线。全会讨论了加快农业生产问题和 1979 年、1980 年两年国民经济计划的安排，通过《中国共产党第十一届中央委

①　邓小平. 邓小平文选：第 3 卷［M］. 北京：人民出版社，1993：63.

②　温红彦，李林宝，史鹏飞. 党的十一届三中全会——实现伟大转折　开启伟大征程［J］. 人民日报，2021（5）.

③　邓小平. 邓小平文选：第 2 卷［M］. 北京：人民出版社，1993：150.

员会第三次全体会议公报》。公报明确表示："把全党工作的着重点和全国人民的注意力转移到社会主义现代化建设上来""在自力更生的基础上积极发展同世界各国平等互利的经济合作"。① 从此，改革开放拉开了序幕，其产生的巨大且深远的影响直至今日。"改革开放是我们党的一次伟大觉醒，正是这个伟大觉醒孕育了我们党从理论到实践的伟大创造。改革开放是中国人民和中华民族发展史上一次伟大革命，正是这个伟大革命推动了中国特色社会主义事业的伟大飞跃！"②

由于十年"文化大革命"造成的严重困难局面，加上中国人口增长失控，因此，经济发展的现实矛盾越来越突出。至 1970 年末，中国农村生活质量普遍比较差，许多地方依然未解决温饱问题；城市待业人数多，职工工资、住房等问题长期没有得到解决；经济所有制形式单一、经济缺乏活力、商业流通渠道狭窄等。这些与人民生活密切相关的问题若长期不能得到解决，势必会影响整个国家发展与动摇中国共产党的执政地位。尤其是人民的温饱问题，这是国家工业化重新启动必须解决的重要前提。1981 年，他进一步就发展经济的重要性发表看法："不建设，经济搞不上去，就可能会像小平同志讲的，我们在台上的人都要下台。"③ 李先念也表示："当前社会上和政治上存在的许多问题，都和经济问题分不开，只有各项经济事业得到进一步发展，这些问题才能得到更好的解决。"④ 因此，十一届三中全会后，中国共产党领导人对国民经济发展进行了及时的政策调整，把加快经济发展、解决民生问题放在了重要的位置，并把农村经济体制改革作为重中之重。

中国的经济体制改革率先由农村发动。农村实行家庭联产承包责任

---

① 中共中央文献研究室. 改革开放三十年重要文献选编：上［M］. 北京：中央文献出版社，2008：15，16.
② 习近平. 论中国共产党历史［M］. 北京：中央文献出版社，2021：214-215.
③ 陈云. 陈云文集：第 3 卷［M］. 北京：中央文献出版社，2005：489.
④ 李先念. 李先念论财政金融贸易：下卷［M］. 北京：中国财政经济出版社，1992：479.

制，确认了农民作为独立的商品生产者的地位，因而大大解放了农村生产力，使农业生产迅速恢复和发展起来，农村生活水平在较短的时间内有了改善。事实上，城市经济体制改革的起步与进展并不落后于农村改革。由于城市经济发展的好坏直接关系到国家工业化的效果与前景，因此，1978 年 10 月，中共中央决定在四川开始扩大企业自主权的试点，并获得初步成效。1981 年，山东在扩大企业自主权的基础上，对部分企业试点将利润留成改为利润（亏损）包干，调动了企业生产积极性。这一系列改革举措基本上与农村改革同步。1983 年 1 月，中共中央 1 号文件称以"双包"为主的家庭联产承包责任制是"我国农民伟大的创造"，由此正式确立农村改革的基调。仅仅稍迟一年多，即 1984 年 10 月 10 日，邓小平在会见联邦德国总理科尔时说道："过几天我们要开十二届三中全会，这将是很有特色的全会。前一次三中全会重点在农村改革，这一次三中全会则要转到城市改革，包括工业、商业和其他行业的改革，可以说是全面的改革。"① 随后召开的中共十二届三中全会通过了《中共中央关于经济体制改革的决定》，确认社会主义经济是"公有制基础上的有计划的商品经济"，要求"加快以城市为重点的整个经济体制改革的步伐"，由此正式确立了以城市为重点推动整个经济体制改革的基本思路。

20 世纪 80 年代，中国的改革重心从农村转入城市。一方面，意味着国家将调动更多的资源来促进城市工商业经济的发展，而这些资源又建立在由农村提供的更多生产积累基础上；另一方面，由于城市比农村更具经济禀赋优势，因此，城市工业经济发展能够更广泛地使国民经济各行业受益。与农村相比，城市的整体情况与经济成分确实要复杂得多，不仅有城市工业、城市商业和服务业，而且还包括科教文卫体等领

---

① 邓小平. 邓小平文选：第 3 卷 [M]. 北京：人民出版社，1993：81.

域。在计划经济和企业"大锅饭"的体制下，城市工商业生产与流通一直处于僵化状态。首先为了解决企业生产效率问题，城市经济体制改革以试点的方式展开，以简政放权、扩大企业自主权为重点。1979年7月，根据四川、北京、天津、上海等地的试点经验，国务院发布了扩大国有工业企业经营管理自主权等五个文件。1982年，扩大企业自主权的方案在全国普遍推行。但是，由于扩大企业自主权仅仅是城市经济内容的单项，在没有其他方面配套的情况下，企业自主权很难得到完全的落实。因此，以企业自主权为核心内容的城市经济体制综合改革试点问题被迅速地提上议事日程。1981年7月，国务院批准在湖北沙市进行经济体制综合改革试点。1982年3月，批准在江苏常州进行综合改革试点。但是，由于沙市和常州属于中等城市，条块分割等制度性矛盾不如大城市突出，因此，1983年2月，中共中央和国务院批准在四川重庆进行大城市的综合改革试点工作。在3个试点城市的带动下，全国其他城市也积极地进行改革探索。在企业扩大自主权与城市进行综合改革试点的推动下，一方面原有企业组织管理模式的弊端逐步得以改进，使企业生产效率有了大幅度的提高，另一方面，随着国家对商品流通市场与商品价格渐趋放开，整个城市经济日益活跃，并逐步打破了以前"一放就乱"的怪圈。1986年3月，国务院召开第一次全国城市经济体制改革工作会议。会议提出，城市经济体制改革要贯彻巩固、消化、补充、改善的方针，搞活和开拓市场，加强和完善市场管理，加强和改善宏观控制，把发展横向经济联合作为一项重要工作，解决长期以来存在的企业组织结构不合理的问题。1986年12月，国务院重点提出了国有企业改革的问题，并提出要推进多种形式的经营承包责任制，给经营者充分的经营自主权。国有企业改革的目标是"要使企业真正成为相对独立的经济实体，成为自主经营、自负盈亏的社会主义商品生产者和经营者，具有自我改造和自我发展能力，成为具有一定权利和义务的法人"。按照这一目标，国有企业改革转向实行"两权分离"，即国家的所有权与企业的经营权分离。1987年，大中型企业普遍推行企业承包经营责任制。1987年底，全国预算内企业的承包面达78%，大中型企业达80%。承包经营责任制使企业向自主经营、自负盈亏又迈进了一大步。邓小平曾预计，"虽然城市改革比农村复杂，但是有了农村改革的成功经验，我们对城市改革很有信心。农村改革三年见效，城市改革时间要长一些，三年五载也会见效"①。正如邓小平预见的，随着城市经济体制改革的稳步推进，在短短的三年内，中国经济发展出现了"腾飞"。

总体来说，改革开放后，我国工业经济伴随着城市经济体制改革的展开而逐步释放活力。1978年各行业的基本状况是：全国粮食总产量6095.3亿斤，人均633.2斤；棉花4334万担，化学纤维28.46万吨，纱238.2万吨，布110.3亿米，人均11.47米；粗钢3178万吨；原煤6.18亿吨，原油10 405万吨；铁路运营里程5.17万千米。木材、有色金属和稀有金属、各种钢材、化肥、酸碱、机床、发电量以及轻工业产品的生产能力和交通运输事业等，都有显著增长。② 这些指标成为20世纪80年代重新启动工业化的起点。与此同时，中国的工业化进程出现了"意想不到"的第二条主线，即除了城市工业化外，农村也掀起了工业化浪潮。1984年后，随着城市经济体制改革不断深入，重启后中国的工业化进程开始加快。1984—1994年，除了少数年份外，整个十年间GDP增速基本保持在10%以上，1984年更是高达15.2%。农业比重持续下降，由1982年的32.8%下降到1993年的19.3%，十年间下降了13.5个百分点；以工业为主的第二产业产值占比稳步提升，上升10多个百分点。在第二产业内部，轻工业发展迅速，其占工业总产值比重从1978年的43%

---

① 邓小平. 邓小平文选：第3卷 [M]. 北京：人民出版社，1993：82.
② 李文. 高度评价改革开放前工业化基础 [N]. 中国社会科学报，2019-11-04 (5).

上升到 1981 年的超过 50%，并持续到 1999 年。① 从结构变化的角度上说，这一阶段的工业化水平总体处于工业化初期，并且重工业优先发展战略所造成的结构失衡状态总体上得到矫正。（见表 3-1）

表 3-1 1978—2016 年中国三次产业就业及生产总值变化②

指标	1978 年		2016 年		指数（2016 年是1978 年的百分比）		平均增长速度（1978—2016）	
	就业人数（万人）	生产总值（亿元）	就业人数（万人）	生产总值（亿元）	就业人数（%）	生产总值（%）	就业人数（%）	生产总值（%）
全国	40 152	3678.7	77 603	744 127.2	193.3	3229.7	1.7	9.6
第一产业	28 318	1018.5	21 496	63 670.7	75.9	517.0	-0.7	4.4
第二产业	6945	1755.2	22 350	296 236.0	321.8	5015.1	3.1	10.9
第三产业	4980	905.1	33 757	384 220.5	690.3	4481.7	5.2	10.5
人均国内生产总值	385.0		53 980.0		2240.2		8.5	

注：生产总值指数已扣除价格因素。

资料来源：根据《中国统计年鉴》（2017）数据整理。

从城市工业经济发展的角度来看，改革开放后，中国农村与农业继续为城市工业化的推进做出了巨大贡献。一方面，农村与农业为工业贡献了大量的生产积累。统计数据显示，1959 年至 1978 年间，通过工农产品"剪刀差"使农村向城市工业转移的农业积累高达 4075 亿元，占同期财政收入的 21.3%。1978 年后，农业继续为工业"输血"，1991年至 1997 年间农村就有 20 873 亿元通过财政、金融和"剪刀差"等方式注入城市工业。③ 另一方面，农村又为城市工业提供了大量的廉价劳动力。从经济学角度讲，农村人口流向城市是由经济利益驱动，为的是寻求市场交易的场所和获得额外收入的机会。农民最初进入城市是一种"走街串巷"的形式，尽可能地去抓住一切不被城市人口重视的工商业

---

① 黄群慧. 改革开放 40 年中国的产业发展与工业化进程 [J]. 中国工业经济，2018（9）.

② 黄群慧. 改革开放 40 年中国的产业发展与工业化进程 [J]. 中国工业经济，2018（9）.

③ 国家统计局. 中国统计年鉴 1999 [M]. 北京. 中国统计出版社，2000：275；李溦.
农业剩余与工业化资本积累 [M]. 昆明：云南人民出版社，1993：292-312.

机会，并且这种人口的流动绝大部分是农业生产间歇的短期性流动。1978 年后，中共中央开始对农村经济政策进行较大幅度的调整。一方面，通过调整生产方式，解决农业生产停滞不前的局面。随着"大包干"在全国范围内铺开，农村的劳动积极性与劳动生产率出现了极大的提高。另一方面，国家提高对农副产品收购的价格，缩小统购征购范围，降低征购指标，同时大力落实城乡农产品集贸市场的放开，鼓励发展家庭副业。这些政策的效果立竿见影，1984 年粮食播种面积减少6.4%，但是单产提高 42.8%，粮食总产量增长 33.6%。副业收入比1978 年增长 1.3 倍。家庭副业收入由 1978 年人均 35.8 元提高到 1984年的 102.8 元。随着收入与生产积极性的提高，大量的农村劳动力开始获得解放。由于城乡收入差距依然明显，并且城市的工商业机会大于农村，因此，许多农民选择进城务工。1980 年中期，尽管依然禁止将户口由农村迁到城市，但是国家对农村人口短期外出流动的管制已经开始放宽。1984 年，国务院批转公安部《关于农民进入城镇落户问题的通知》规定，有经营能力、有固定住所或在乡镇企业单位长期务工的，公安机关应准予落常住户口。统计为非农业人口，吃议价粮，办理《自理口粮户口簿》和《加价粮油供应证》。这无疑是一个里程碑，农民由此获得了在城市生活的保障权利。到了 20 世纪 80 年代末，随着城乡收入差距日益扩大及农业生产效率的提高，农村中积累的剩余劳动力越来越多。1989 年春，全国范围内出现第一次大规模的农民进城务工高潮。20 世纪 90 年代初，城乡户籍管制开始放松，农民由农村向城市流动趋于合法。此后，由于城市工业对于劳动力的需要不断增长，因而出现大规模的农民进城"务工潮"。这种需求最初只能由与城市距离近的农村来提供，因为"这些农民所处的地理位置便于他们往来于城市与农村之间，而不必获得城市居民证"，"在山区生活的农民，即便个人境况好些，其收入水平仍大大低于全国农村平均水平，因而实际上收入降低；而在城郊生活的农民，即便境况差些，其收入水平仍高于全国平均水平一倍以上，因而实际上收入提高。"① 20 世纪 90 年代中期后，随着国家工业化以更大规模推进，大量劳动密集型企业的建立对劳动力需求越来越大，因而吸引了较远区域的大批农民进入城市工厂。

　　始于 20 世纪 80 年代的中国农村工业化确实出乎所有人的意料。从经济学的一般经验来看，农村与农民对于工业化从来既不是对立，也不是脱离的。在不同的工业化阶段，农民会不由自主地卷入或自主参与工业化。1983 年，中共中央 1 号文件正式承认了农民个体经济的合法性。随着国家工业化程度加深，尽管农村经济重新焕发活力，但是农民依然承受着较高的农业税，农民收入与社会生活成本反向背离，城乡差距开始扩大。农民进城务工受经济利益驱动，但对农民来说，他们并不是想让自己变成"城里人"，而是为了回到乡下"过上跟城里人一样的生活"。与此同时，中国共产党的政策对于"富裕"态度发生转变，提出"勤劳致富是正当的""致富光荣"等新口号。（见表 3-2）

表 3-2　中国农村、农民与农业参与工业化类型分类

类型	强制型参与	半强制型参与	自愿型参与	市场型参与
时间	1953—1982 年	1983—1995 年	1996—2005 年	2006 年至今
分期标志	取消"包产到户"和家庭副业。	中共中央 1 号文件正式承认农民个体经济。	农村乡镇企业的大规模出现。	全面取消农业税、社会主义新农村建设。
工农业关系及经济特征	农业被纳入工业。	强工业、弱农业。	农村工业化。	农村经济形式多元化，市场关系逐步丰富，城镇化。

① 罗德里克·麦克法夸尔，费正清.剑桥中华人民共和国史 1966—1982 [M]. 金光耀，等译. 上海：上海人民出版社，1992：604，602.

20 世纪 80 年代初期，中国的城乡收入与实际生活水平依然有着明显的差距。对于农民来说，进城务工确实可以给他们带来致富的机会。1977 年全国职工平均工资额为 576 元，至 1983 年达到 826 元，名义工资增长 43.4%，实际工资（扣除物价因素）增长了 22.1%。1981 年，国家提高粮食收购价格导致农民收入增长约为 14%（未扣除物价因素）。城乡收入增长幅度相差近 30 个百分点。从城市与农村的消费水平的变化趋势看，1978 年农村人均消费水平为 132 元，而城市人均消费水平达到 383 元，两者的比率扩大至 2.9：1。80 年代后差距有所下降，但下降的趋势是短暂的，20 世纪 90 年代后城乡差距进一步扩大。① 初期，那些"缺田种"（由于人地关系紧张而家庭劳动力过剩）的人因此进了城。但到了后期，由于城市务工的赚钱效应，一些即便土地较多的农民也纷纷效仿，致使农村中出现了"荒种荒收"甚至丢田抛荒的现象。由于农民大量地往副业方向发展，使农业生产出现了一定程度的衰退，因此，政府不得不制定政策要求各地控制这种状况。1981 年 12 月，国务院下发了《关于严格控制农村劳动力进城做工和农业人口转为非农业人口的通知》："未经批准，一律不得从农村招工，也不得雇用农村临时工""要求各区、镇、公社，认真落实党在农村的各项经济政策，大力发展农村经济，积极引导农村多余的劳动力在乡村搞好多种经营，不要往城镇挤。"然而，城市毕竟不是农民的"地盘"。农民进城务工能够获得高于农业生产的收入，但是却无法融入城市生活。当发现城市并不属于他们时，他们就又重新回到了农村，希望通过自己的努力在农村中建立起他们在城市中所看到的那种生活方式。同时，许多人并不愿放弃他们自己的土地。一到农忙季节，这些农民大多也暂时放弃了城市的工作，返乡种地。首先进城的一般都是年富力强、具有一定技

---

① 国家统计局 . 中国统计摘要（1987）［M］. 北京：中国统计出版社，1987：98.

能的农民，他们同样具有灵活的头脑。在外务工多年后，他们学会了城市商业经济与工业经济的最基本的原理和方法，看到了城市中的各种商机。因此，他们中的许多人重新回到了农村，利用务工经验与积蓄在农村办起了各种小型加工企业或者其他副业。"正是乡村工业化和副业发展才终于减少了堆积在农业生产上的劳动力人数，并扭转了长达数百年的过密化。"①

整个 20 世纪 80 年代，在广大的中国农村，乡镇企业如雨后春笋般地涌现出来。由外出务工农民返乡创办的家庭型或个体型的小工厂是乡镇企业的主要源头之一。另一个重要的源头就是当时的社队企业。1979—1984 年，农村非农产业政策限制被放宽，社队企业有了一定的生存空间。当年城市干部、技术人员、知识分子和工人下放农村，使很多社队企业都具备了不同程度的工业基础。1984 年，社队企业从业人员由 1978 年的 2800 万人增加到 3235 万人，总产值由 1978 年的 492.9 亿元增加到 1016.7 亿元，翻了一番多。② 人民公社解体后，家庭经营所有制得到确立，社队企业通过各种方式更名为乡镇企业，并以迅猛之势发展起来。不仅原有的乡镇企业和村组企业得到迅猛发展，农民私人兴办或联户合办的企业也迅速崛起，因此，二者迅速成为乡镇企业的"主力军"。在乡镇企业的带动下，农村也迅速开始了工业化进程。1984 年至 1988 年是农村工业化的黄金时期。乡镇工业迅速从农村市场走向城市市场，进而进入国际市场，并且还出现了外商合资合作的外向型工业企业。20 世纪 90 年代后，在政策扶持与市场环境的影响下，乡镇工业又一次掀起了超常规超、超高速发展的浪潮。1992 年，乡镇工业总数突破了 2000 万个，企业职工人数突破 1 亿人，生产总值达到 1.8 万亿元，实现利润突破 1000 亿元，出口贸易总额也超过了 1000 亿元。

---

① 黄宗智. 长江三角洲的小农家庭和乡村发展 [M]. 北京：中华书局，1992：17.
② 董辅礽. 中华人民共和国经济史：下卷 [M]. 北京：经济科学出版社，1999：211.

此后的几年间，乡镇工业总产值、上缴税收、实现利润的年均增长率均超过了50%。概括来说，20世纪80年代初"致富光荣"的口号重新激发了农民"发家致富"的观念。那些在改革初期就敢于迈出第一步的农民成了农村中那部分"先富起来"的人。而真正出乎人们意料的，恰恰是乡镇工业的异军突起。

可以这样说，在改革开放和社会主义现代化建设的新时期，我国的工业化进程呈现出四个方面的新特点：一是从工业化动力角度来看，城市工业化进程以高速态势持续推进。1980年开始出现的农村工业化是国家工业化进程中一个"意想不到"的结果，"乡镇企业异军突起，是中国农民的又一个伟大创造。它为农村剩余劳动力从土地上转移出来，为农村致富和逐步实现现代化，为促进工业和整个经济的改革和发展，开辟了一条新路"①。二是从工业化进程的阶段来说，1980—2004年前后属于工业化初期阶段，2004年后进入工业化中期。三是从工业化的结构特征看，1980年至20世纪90年代中期以轻工业为主导；1990年中期后重工业化进程再次启动。四是工业化与城市化同步快速推进。一般意义上说，工业化过程实质就是城市化过程。在这一时期，在工业化快速推进的过程中，城市化进程也开始加速。"城市工业化过程最显著的特点就是工业化与城市化齐头并进，成为经济增长的两个主导因素，这进一步推动了中国经济的高速发展。"② 至1998年10月，中共十五届三中全会通过的《中共中央关于农业和农村工作若干重大问题的决定》报告中，正式采用了"城镇化"一词，标志着城市化进程在中国有了新的内涵。

---

① 江泽民. 江泽民文选：第1卷［M］. 北京：人民出版社，2006：215.
② 陈健，郭冠清. 政府与市场：对中国改革开放后工业化过程的回顾［J］. 理论经济，2021（3）.

二、从计划经济到市场经济的转变与
国家工业化战略新变化

1978 年党的十一届三中全会后，在中国工业化进程重新启动并稳步推进的同时，中国共产党领导人对于经济体制改革问题也进行了深入思考与实践探索。经济体制是一个宏观性、全局性的问题。经济体制改革能否成功，事关整个社会主义现代化建设事业。以邓小平为代表的中国共产党领导人多次论述过计划经济体制带来的弊端。邓小平说："现在我国的经济管理体制权力过于集中，应该有计划地大胆下放，否则不利于充分发挥国家、地方、企业和劳动者个人四个方面的积极性，也不利于实行现代化的经济管理和提高劳动生产率。"[①] 因此，改革开放后，推动经济体制改革与实施国家工业化战略成为相互并行的两条主线。同时，对于经济体制改革的过程，中国共产党的领导人没有抱着"毕其功于一役"的态度，而是遵循着"摸着石头过河"原则，进行渐进式改革，从而避免了类似于苏联的遭遇。这是中国经济体制改革得以成功的另一个重要因素。

在计划向市场转型的过程中，"对内搞活，对外开放"成为经济体制改革与创新的两大内容。"无论是农村改革还是城市改革，其基本内容和基本经验都是开放，对内把经济搞活，对外更加开放。"[②] 1979 年4 月，邓小平在与习仲勋、杨尚昆的谈话中说："在你们广东划一块地出来……办一个特区，中央没有钱，你们自己去搞，杀出一条血路

---

① 邓小平. 邓小平文选：第 2 卷 [M]. 北京：人民出版社，1993：146.
② 邓小平. 邓小平文选：第 3 卷 [M]. 北京：人民出版社，1993：82.

来！"① 1980 年 5 月，中共中央在《关于〈广东、福建两省会议纪要〉的批示》中，正式确认了"经济特区"的设立。"特区之特，在于特殊政策。特区可以实行与其他地区不同的经济体制，即所谓国家资本主义的市场经济体制；特区各类企业在这种体制下，可以享受优惠的特殊政策待遇。"② 对于经济特区，"全世界都在评论，认为这是中国共产党的勇敢的创举"③。同时，通过经济领域实践来验证理论创新的可行性与可靠性，成为中国共产党领导人改革思维的重要原则。从经济特区、沿海开放城市、沿海开发地带，渐次过渡到内陆开放，这种梯度推进的开放局面为中国经济翻开了崭新一页。1981 年，党的十一届六中全会通过的《关于建国以来党的若干历史问题的决议》中提出"以计划经济为主，市场调节为辅"的理论，尽管这一理论仍然坚持计划经济的总框架不变，但是，必须按照尊重和利用价值规律的要求来进行经济活动已经开始成为人们的共识，从而实现经济活动也逐步纳入了真正意义上的商品经济的发展轨道。1982 年 9 月 1 日至 11 日，中共十二大在北京召开，邓小平主持大会开幕式。他总结了历史经验，指出："由于当时党对于全面建设社会主义的思想准备不足，八大提出的路线和许多正确意见没能在实践中坚持下去。八大以后，我们取得了社会主义建设的许多成就，同时也遭到了严重挫折。""我们的现代化建设，必须从中国的实际出发。无论是革命还是建设，都要注意学习和借鉴外国经验。但是，照搬照抄别国经验、别国模式，从来都不能得到成功。这方面我们有过不少教训。把马克思主义的普遍真理同我国的具体实际结合起来，走自己的道路，建设有中国特色的社会主义，这就是我们总结长期历史

---

① 中共珠海市委党史研究室. 中国经济特区的建立与发展：珠海卷 [M]. 北京：中共党史出版社，1996：16.

② 董辅礽. 中华人民共和国经济史：下卷 [M]. 北京：经济科学出版社，1999：83.

③ 邓小平. 邓小平文选：第 3 卷 [M]. 北京：人民出版社，1993：108.

经验得出的基本结论。"他还强调，20 世纪 80 年代三大任务中，"核心是经济建设，它是解决国际国内问题的基础。"① "建设有中国特色的社会主义"这一新命题，是中国共产党在对历史进行全面总结与反思基础上获得的伟大理论成果。自此，一个"全面开创社会主义现代化建设的新局面"时代被开启。同时，十二大还明确了"正确贯彻计划经济为主、市场调节为辅的原则，是经济体制改革中的一个根本性问题"②。1984 年 10 月，中共十二届三中全会通过了《中共中央关于经济体制改革的决定》。这份指导经济体制改革的纲领性文件指出，总结近几年城乡经济体制改革的经验，一致认为"进一步贯彻执行对内搞活经济、对外实行开放的方针，加快以城市为重点的整个经济体制改革的步伐，以利于更好地开创社会主义现代化建设的新局面"。决定还提出，"明确认识社会主义计划经济必须自觉依据和运用价值规律，是在公有制基础上的有计划的商品经济。"③ "社会主义经济是在公有制基础上的有计划的商品经济"是一个全新的概念，突破了"把计划经济同商品经济对立起来的传统观念"，对后来的经济体制改革思维的突破产生了巨大影响。1986 年 3 月，国务院召开第一次全国城市经济体制改革工作会议。会议提出，城市经济体制改革要贯彻巩固、消化、补充、改善的方针，搞活和开拓市场，加强和完善市场管理，加强和改善宏观控制，把发展横向经济联合作为一项重要工作，解决长期以来存在的企业组织结构不合理的问题。1987 年 10 月，中共十三大召开。这次大会提出了新理论与新论断。报告第一次系统地阐述了社会主义初级阶段的理论，指出我国正处于社会主义的初级阶段，并强调"不是泛指……

---

① 邓小平. 邓小平文选：第 3 卷［M］. 北京：人民出版社，1993：2-3.
② 中共中央文献研究室. 改革开放三十年重要文献选编：上［M］. 北京：中央文献出版社，2008：272.
③ 中共中央文献研究室. 改革开放三十年重要文献选编：上［M］. 北京：中央文献出版社，2008：344，350.

而是特指"。报告指出，"以经济建设为中心，坚持两个基本点，这就是我们的主要经验，这就是党在社会主义初级阶段的基本路线的主要内容"。报告还提出，"社会主义有计划商品经济的体制应该是计划与市场内在统一的体制"①。早在 1987 年 7 月、8 月，邓小平在会见孟加拉国总统艾尔沙德和意大利共产党领导人约蒂和赞盖里时作的两次谈话就讲到了"我国方针政策的两个基本点"和"一切从社会主义初级阶段的实际出发"。社会主义初级阶段的理论是以邓小平为代表的中国共产党领导人的伟大理论创造，也充分展现了党的领导人对于现实国情的深刻认识。同时，"一个中心两个基本点"成为此后中国共产党坚定推进改革开放大业始终坚守的路线。1989 年 11 月，中共十三届五中全会提出"改革的核心问题，在于逐步建立计划经济同市场调节相结合的经济运行机制"②。1992 年 10 月，中共十四大报告宣布，"以邓小平同志的谈话和今年三月中央政治局全体会议为标志，我国改革开放和现代化建设事业进入了一个新的阶段"，形成和发展了"建设有中国特色社会主义的理论"，并正式确立"我国经济体制改革的目标是建立社会主义市场经济体制"，明确"市场在社会主义国家宏观调控下对资源配置起基础性作用"。③ 中共十五大、十六大、十七大、十八大的报告均强调"不断强化市场在资源配置中的基础性作用"。在这个阶段，按照西方研究机构测算，"中国自上世纪 70 年代末开始实行经济改革以来，经济自由度指数呈上升趋势，1980 年为 3.93，2001 年达到 5.49，自由度提高了 39.7%；相比之下，全球经济自由度指数 1980 年平均水平为 5.36，

---

① 中共中央文献研究室. 改革开放三十年重要文献选编：上［M］. 北京：中央文献出版社，2008：476，478，484।
② 中共中央文献研究室. 改革开放三十年重要文献选编：上［M］. 北京：中央文献出版社，2008：556।
③ 中共中央文献研究室. 改革开放三十年重要文献选编：上［M］. 北京：中央文献出版社，2008：654，659।

2001 年为 6.35，提高幅度为 18.5%"。① 1999 年，中国经济的市场化程度为 50%，2001 年达到 69%。2013 年 11 月中共十八届三中全会通过《中共中央关于全面深化改革若干重大问题的决定》，明确提出"经济体制改革是全面深化改革的重点。其核心问题是如何处理好政府和市场的关系，使市场在资源配置中起决定性作用和更好地发挥政府作用"。② 2017 年 10 月，中共十九大报告明确宣布"取得重大理论创新成果，形成了新时代中国特色社会主义思想"，强调"坚持社会主义市场经济改革方向"，"使市场在资源配置中起决定性作用"。③ 2022 年 10 月，习近平总书记在中共二十大报告中提出，"构建高水平社会主义市场经济体制"，"充分发挥市场在资源配置中的决定性作用"，并提出未来五年主要目标任务之一是"社会主义市场经济体制更加完善，更高水平开放型经济新体制基本形成"④。

从 1952 年 11 月国家计划委员会成立算起，社会主义计划经济体制转型至社会主义市场经济体制，一代代中国共产党领导集体探索实践了四十年，并为之付出了巨大的努力与艰辛，也遭遇过严重的挫折。社会主义市场经济体制的建立是马克思主义理论中国化的一个重大的理论突破，对改革开放、经济社会发展与工业化进程产生了非常重要的作用。自 1992 年社会主义市场经济体制建立到 2022 年中共二十大，又是整整三十年。这三十年间，中国共产党的领导集体在建立、完善、健全社会

---

① 弗雷泽研究所（The Fraser Institute）:《经济自由度报告》，2004 年 4 月。
② 中共中央文献研究室.十八大以来重要文献选编：上 [M]. 北京：中央文献出版社，2014：513.
③ 中共中央党史，文献研究室.十九大以来重要文献选编：上 [M]. 北京：中央文献出版社，2019：21，15.
④ 习近平.高举中国特色社会主义伟大旗帜 为全面建设社会主义现代化国家而团结奋斗——在中国共产党第二十次全国代表大会上的报告 [M]. 北京：人民出版社，2022：29，25.

主义市场经济体制的过程中，又不断产生了马克思主义中国化时代化的重大理论创新成果，并逐步将社会主义市场经济体制推向高水平。在这些重大理论创新成果的指引下，中国的社会主义工业化道路更加彰显出了中国特色，并走出了一条不同于人类历史曾经有过的新型的工业化道路。在中国式现代化过程中，新型工业化依然发挥着重要的主力作用。

在改革开放和社会主义现代化建设新时期，从整个历史进程与时代背景来说，伴随着经济体制改革步伐，国家工业化战略在不同的历史时期呈现出不同的特点。纵观中华人民共和国成立之后的经济建设与发展历程，其间取得了辉煌成就，也遭遇过惨重的挫折。尽管整个历程较为波折，内外因素交织较为复杂，但1949年至今，中国共产党领导人民进行社会主义经济建设与发展的脉络一以贯之、非常清晰，即始终坚定不移地推进国家工业化战略。以这一战略为主线，以不同的历史时期经济体制改革为基点，结合不同的时代背景，采取不同的政策方式，持续稳步地推进工业化进程，最终获得举世瞩目的伟大成就。基于这一理解，可以较为清楚地勾勒出自1956年社会主义制度确立以来我国工业化进程的三个阶段、两个时期。

一是社会主义计划经济体制下的工业化阶段（1956—1978年）①：以毛泽东为主要代表的党的领导集体确立了社会主义国家工业化的发展思路。在新中国成立初期，国民经济的恢复与发展是相对均衡的。依经济规律办事是党的领导人重视且坚持的原则；1956年后，从国家工业化战略确立的那一刻起，尽管依然强调农业的重要性，但国民经济建设重心实际上由农业转向了工业。随着国民经济运行态势转好，党的领导

---

① 1952年11月15日，国家计委正式成立，标志着中国国民经济建设的计划体制初步形成。20世纪60年代初，中共中央参考了苏联列宁与斯大林创立的经济制度模式，在全民所有制和集体所有制的公有制基础上，建立起了覆盖国民经济全局的"社会主义的计划经济"。国家工业化战略在社会主义计划经济体制下运行至1982年前后。

人对实现工业化的目标与要求不断提高，因此，整个国民经济建设领域出现了"左"的倾向。由于政治因素对国民经济产生严重干扰，致使整个经济建设逐步偏离经济规律与正常轨道。

二是经济体制转型时期的工业化阶段（1978—1992年）：以邓小平为主要代表的党的领导集体在思考和探索经济体制转型的前提下，继续推进国家工业化战略。随着政治上"拨乱反正"的展开，国民经济建设领域开始逐步纠正错误的政策。在"以经济建设为中心"的思路确立后，经济规律重新得到了重视与尊重。在持续推动经济体制改革的同时，以对内搞活、对外开放为基调，大规模社会主义工业化再次开始全面启动。按照农业—轻工业—重工业顺序，在人民生活日益得到改善的同时，国家总体工业实力不断增强，工业占国民经济的比重不断上升。这一阶段，轻工业发展尤为迅速、活跃。

三是社会主义市场经济体制下的工业化阶段（1992年至今）。1992年，以江泽民为主要代表的党的领导集体确立了社会主义市场经济体制。社会主义市场经济体制的提出使我国国民经济建设与发展进入了一个全新的市场化时代。市场机制在国民经济资源配置过程中发挥了基础性作用，资源效率、社会生产效率得到极大提升，国家经济规模连续上台阶。随着中国经济市场化程度不断提升，2001年底，中国加入世界贸易组织（WTO）。2002年后，以胡锦涛为主要代表的党的领导集体继续推进工业化。随着中国社会主义市场经济逐步与世界市场经济接轨，社会主义国家工业化进程融入经济全球化，中国经济继续保持着快速增长的势头。国家经济实力进一步增强，2010年跃居世界第二。2012年以来，以习近平同志为核心的党的领导集体提出新理念、新论断，充分发挥市场在资源配置中的决定性作用，国民经济各领域均取得辉煌成就，十年间经济总量持续稳居世界第二。2020年、2021年，中国经济总量连续两年突破一百万亿。随着国家经济实力的进一步增强，"我国日益走近世界舞台中央"①，在 2021 年 11 月的十九届六中全会上，习近平总书记在《中共中央关于党的百年奋斗重大成就和历史经验的决议》中总结道："今天，我们比历史上任何时期都更接近、更有信心和能力实现中华民族伟大复兴的目标。"②（见表 3-3）

表 3-3　工业化不同阶段的标志值

基本指标	前工业化阶段 (1)	工业化实现阶段			后工业化阶段 (5)
		工业化初期 (2)	工业化中期 (3)	工业化后期 (4)	
人均GDP（2005年美元PPP）	745~1490	1490~2980	2980~5960	5960~11 170	11 170 以上
三次产业产值结构（产业结构）	第一产业>第二产业	第一产业>20%，第一产业<第二产业	第一产业<20%，第二产业>第三产业	第一产业<10%，第二产业>第三产业	第一产业<10%，第二产业<第三产业
农业就业人员占比（就业结构）	60%以上	45%~60%	30%~45%	10%~30%	10%以下
人口城市化率（空间结构）	30%以下	30%~50%	50%~60%	60%~75%	75%以上

数据来源：陈佳贵，黄群慧，钟宏武，等. 中国工业化进程报告 [M]. 北京：中国社会科学出版社，2007.

按照西方发展经济学的传统观点，经济发展大致可以划分为前工业化、工业化实现和后工业化三个阶段，其中工业化实现阶段又分为工业化初期、工业化中期与工业化后期三个时期，主要依据的是人均收入水平、三次产业结构、就业结构、城市化水平等指标进行评价。工业化实

① 中共中央党史，文献研究室. 十九大以来重要文献选编：上 [M]. 北京：中央文献出版社，2019：8.

② 中央宣传部，中央党史，文献研究室，等. 习近平谈治国理政：第 4 卷 [M]. 北京：外文出版社，2022：12.

现进入后工业化阶段的主要标志是：人均 GDP 超过 11 170 万美元
（2005 年美元，购买力平价）；农业比重小于 10%，第三产业比重高于
第二产业；农业就业人口比重小于 10%；城市化水平超过 75%。工业化
后期以农业比重小于 10%，但第二产业比重仍然大于第三产业；农业就
业人口比重为 10%~30%；城市化水平为 60%~75%。若单纯以数据来评
价，根据国际货币基金组织公布的数据，2021 年中国人均 GDP 达到
12 359 美元（按 2005 年，超过 11 170 万美元的标准），意味着中国开始由
工业化实现阶段向后工业化阶段迈进。若以 2021 年我国农业人口比重
36.1%、城镇化率 64.7% 等数据评价，则已经处于工业化后期。

表 3-4　中国产出与就业的结构变化① （单位：%、美元）

年份	第一产业占GDP比重	第一产业就业占总就业比重	工业占GDP比重	第二产业增加值占GDP比重	第二产业就业占总就业比重	人均GNI（美元）	人均GNI在世界的排名
1952	50.5	83.5	17.6	20.9	7.4		
1957	40.3	81.2	25.4	29.7	9.0		
1970	35.2	80.8	36.7	40.5	10.2	120	113
1977	29.4	—	42.6	47.1	—	190	130
1978	28.1	70.5	44.1	48.2	17.3	200	138
1990	27.1	60.1	36.7	41.6	21.4	330	166
2000	15.9	50.0	40.2	50.9	22.5	940	150
2010	10.2	36.7	40.1	46.8	28.7	4340	128
2016	8.1	27.7	32.9	39.6	28.8	8270	94
2017	7.5	27.0	33.1	39.9	28.1	8740	89
2019	7.1	25.1	32.0	38.6	27.5	10 276	78
2020	7.7	23.6	—	37.8	28.7	10 504	63
2021	7.3	22.9	32.6	39.4	29.1	12 359	60

① 刘戒骄，孙琴.中国工业化百年回顾与展望：中国共产党的工业化战略 [J].中国
经济学人（英文版），2021，16（5）。2020 年、2021 年数据由笔者采集增补。

2002 年 11 月，中共十六大提出"走新型工业化道路"的思想。2017 年 10 月中共十九大，习近平总书记再次强调"新型工业化、信息化、城镇化、农业现代化同步发展"。很显然，随着国家经济与社会的发展，中国共产党的领导人对工业化道路有了更为深刻的认识和理解。"新型工业化"是对西方视角下传统工业化模式的突破与创新，同时也是对毛泽东在《论十大关系》中提出"适合中国的路线"思想的继承与发展，即中国将走出一条有别于西方资本主义传统的、新型的社会主义工业化道路。因此，中国社会主义工业化道路又可以分为两个时期，即传统（社会主义）工业化时期与新型（社会主义）工业化时期。客观上说，传统（社会主义）工业化时期，中国在利用经济要素、推动工业化进程手段等层面大体上跟西方工业化模式没有显著的区别，根本的区别就在于社会经济制度的性质；到了新型（社会主义）工业化时期，除了社会经济制度性质的本质区别外，在工业化的目标与手段等方面都明显区别于西方模式。按照习近平总书记的表述，"新型工业化"的提法，一方面突破了西方将"农业比重""城市化水平"等指标纳入工业化程度评价体系的传统思维与做法——由传统的从属关系转变为并列主体关系。这是一种伟大的思维创新，即四个主体处于一种相互支持、相互促进、齐头并进的状态中。另一方面，还意味着中国将不会再走西方工业化历史上先污染后治理的路子，而是在坚持新发展理念与生态理念的同时，以更小的环境代价走高质量的工业化发展道路。

三、新型工业化的提出与全面推进

2002 年 11 月，中共十六大提出了"走新型工业化道路"的思想。报告指出，"信息化是我国加快实现工业化和现代化的必然选择。坚持以信息化带动工业化，以工业化促进信息化，走出一条科技含量高、经济效益好、资源消耗低、环境污染少、人力资源得到充分发挥的新型工业化路子。"① 这一论断既是对此前五十年我国社会主义工业化道路在取得非凡成就的同时又带来严重问题的深刻反思，也是对社会主义工业化内涵的新拓展。从我国工业化进程的整体来看，在社会主义工业化取得辉煌成就的同时，按照传统工业化模式的发展造成的消极后果也日益显露，并极大地制约发展质量与发展后劲。这些消极后果中，一方面，最为直接的就是对生态环境的严重污染与破坏。高投入、高消耗的粗放发展方式造成资源极大浪费，发展质量不高。由工业化导致的各种污染对人民生活造成极大影响。另一方面，经济结构不合理，尤其是城乡二元制结构，对我国经济社会的持续健康发展造成了严重阻碍；产业结构失衡，农业、轻工业和服务业的发展受到忽视，剩余劳动力严重，资源配置失衡。并且，由于缺乏信息技术支持，各产业技术改造更新缓慢，生产效率低下，企业竞争力不强。2007 年 10 月，中共十七大报告强调："当今世界正在发生广泛而深刻的变化，当代中国正在发生广泛而深刻的变革。机遇是前所未有的，挑战也是前所未有的，机遇大于挑战。""科学发展观，第一要义是发展，核心是以人为本，基本要求是全面协调可持续，根本方法是统筹兼顾。"报告还提出，"坚持走中国特色新型工业化道路"，"大力推进信息化与工业化融合，促进工业由大变强，振兴装备制造业，淘汰落后生产能力。"②

按照美国学者托夫勒的说法，从 20 世纪 50 年代中期开始，全球范围内出现了第三次科技浪潮，即为信息革命，其以原子能、电子计算机、空间技术和生物工程的发明和应用为主要标志，涉及信息技术、新

① 中共中央文献研究室. 十六大以来重要文献选编：上 [M]. 北京：中央文献出版社，2011：16.

② 胡锦涛. 胡锦涛文选：第 2 卷 [M]. 北京：人民出版社，2016：613，623，630.

能源技术、新材料技术、生物技术、空间技术和海洋技术等诸多领域的一场信息控制技术革命。20世纪八九十年代，信息化浪潮进一步席卷全球，并且愈来愈猛烈。在此背景下，世界各国都面临着信息化带来的机遇与挑战。那么，对于正在迅速推进工业化的中国而言，如何正确处理信息化与工业化的关系，便成为中国共产党领导人需要深刻思考的重大问题之一。信息化就是人类社会从工业化阶段演进到以信息技术为标志的新阶段。二者在本质上是有区别的，工业化是物质与能量的交换过程，而信息化是物质与能量在时间空间上的再交换过程。随着信息技术日新月异，从互联网到移动互联网，时间与空间交换的速度与密度越来越快，也越来越高。与西方发达国家相比，中国的工业化属于后发型。但是，"后发"可以吸取"先发"的经验，并且能够迅速地追随世界工业化的新潮流。发达国家都是在工业化之后推进信息化的。中国共产党的领导人深刻认识到"工业是立国之本、强国之基""信息化是推动时代进步的强大引擎"，国家总体实力增强离不开工业化的物质基础与信息化的技术支撑，因此，提出"以信息化带动工业化，以工业化促进信息化"的目标就是为了使二者能够形成一种相互支撑、相互促进的关系，在迅速推进社会主义工业化的同时又确保在信息化过程中不至于落伍，从而发挥后发优势，实现生产力的跨越式发展。同时，对于发达国家实现工业化过程中出现的消耗能源、牺牲环境问题，可以充分地吸取教训，避免重蹈覆辙。在推进工业化过程中，提前强调生态建设和环境保护，着力处理好经济发展与人口、资源、环境之间的关系；处理好资本技术密集型产业与劳动密集型产业的关系、高新技术产业与传统产业的关系、实体经济与虚拟经济的关系，有意识地在推进工业化的同时创造机会扩大就业，防止工业化过程中出现大规模失业的现象。及早地处理好这些问题对国家持续健康发展将产生积极的影响。所以，新型工业化道路是在总结世界发达国家工业化经验与教训的基础上，从我国国情出发，根据信息化时代对实现工业化的要求及有利条件而提出来的，对加快社会主义工业化和现代化进程将产生积极的推动作用。

表3-5 中国工业总产值及轻重工业比例变化情况① （单位：亿元、%）

年份	工业总产值	在工业总产值中				霍夫曼系数
		轻工业总产值	轻工业占总产值比重	重工业总产值	重工业占总产值比重	轻工业总产值/重工业总产值
1952	349	225	64.47	124	35.53	1.81
1957	704	387	54.97	317	45.03	1.22
1970	2117	976	46.10	1141	53.89	0.86
1977	3725	1638	43.97	2087	56.03	0.78
1978	4237	1826	43.10	2411	56.90	0.76
1980	5154	2430	47.15	2724	52.85	0.89
1990	23 924	11 813	49.38	12 111	50.62	0.98
2000	85 674	34 095	39.80	51 579	60.20	0.66
2010	698 591	200 072	28.64	498 519	71.36	0.40
2016	1 158 998	262 998	22.69	896 000	77.31	0.29
2017	1 133 161	239 499	21.14	893 661	78.86	0.27
2019	1 067 397	194 830	18.25	872 568	81.75	0.32

2012年11月，党的十八大报告指出，"创新型国家建设成效显著，载人航天、探月工程、载人深潜、超级计算机、高速铁路等实现了重大的突破。生态文明建设扎实展开，资源节约和环境保护全面推进。""发展中不平衡、不协调、不可持续问题依然突出，科技创新能力不强，产业结构不合理，农业基础依然薄弱，资源环境约束加剧，制约科

---

① 刘戒骄，孙琴. 中国工业化百年回顾与展望：中国共产党的工业化战略［J］. 中国经济学人（英文版），2021，16（5）.

学发展的体制机制障碍较多。"① 十八大报告还出现了"工业化基本实现"② 的提法。"工业化基本实现"的提法与后来十九大报告继续出现的"推动新型工业化"提法看似存在逻辑矛盾，实则不然。"工业化基本实现"的提法应该是从传统工业化理论角度来界定的，也就是重工业产值占工业生产总值的比重已经达到工业化实现国家的标准（2010年，我国重工业产值占工业总产值的比重超过 70%）。

以我国钢铁工业的发展为例。20 世纪五六十年代，以毛泽东为主要代表的中国共产党领导人在推进"重工业优先发展"的战略中，高度重视钢铁产量。钢铁产量被视为国家工业化的核心指标，也成为"赶美超英"③ 的主要目标。1978 年 12 月 23 日上午 11 时，即十一届三中全会在北京顺利闭幕的第二天，上海宝山钢铁总厂一期工程正式开工。国务院副总理谷牧、上海市革命委员会第二副主任彭冲、冶金工业部部长唐克和国务院有关部委及与宝钢工程有关的四省负责人与新日本钢铁公司董事长稻山嘉宽、总经理斋藤英四郎、日本驻中国大使及由日本金融界、产业界人士组成的动工典礼访华团共同出席典礼。④ 1977 年 3 月，李先念曾如此强调过钢铁的重要性："我们确实想钢啊！想得很哪！想多搞一点。没有钢，什么农轻重都上不去。"⑤ 筹建宝钢是十一届三中全会后中共中央做出的一项重大决策。选址上海与开工时隐含着强烈的标志意义。宝钢的发展历程实质上就是一部微缩版的中国改革开

---

① 中共中央文献研究室. 十八大以来重要文献选编：上［M］. 北京：中央文献出版社，2014：2，4.

② 中共中央文献研究室. 十八大以来重要文献选编：上［M］. 北京：中央文献出版社，2014：13.

③ "超英赶美"是毛泽东于 1958 年前后提出的口号，口号包含着钢产量 15 年赶超英国和 50 年赶超美国两个目标。

④ 王振川. 宝山钢铁总厂举行动工典礼［M］//王振川. 中国改革开放新时期年鉴（1978）. 北京：中国民主法制出版社，2015：868.

⑤ 朱玉. 李先念与宝钢建设［J］. 当代中国史研究，2006（2）.

放史。其筹建过程与一期工程的启动既反映了以邓小平为主要代表的中共中央领导人对于国际环境的总体性判断转变,展示了中国对外开放的决心,同时也标志着我国工业化与现代化进程的重新起步。邓小平言道:"不能再犹豫了,再犹豫,中国钢铁就没机会了!"① 正是基于重启"四个现代化"建设对钢铁产量与质量的要求日渐急切,因此就有了宝钢的诞生。在当时的国家财经条件下,耗费如此巨大的、宝贵的外汇引进日本先进的技术与设备来筹建宝钢,足以向国人与世界展示中国强烈推进现代化的愿望与信心。按当时的评估,宝钢项目投资"在200亿以上"②,也有说"最少要花300亿元",而当时的中国每年的财政收入约800亿元,由此计算宝钢项目投资占年财政收入的30%~40%。这无疑需要党的领导人下巨大的决心,并筹集引进技术设备所需的外汇。按当时的人民币与美元汇率(1977年1美元兑换1.73元人民币)计算,宝钢项目总耗资约合173亿美元,而1977年我国的外汇储备为9.52亿美元,随着许多大型项目的上马,至1978年外汇储备迅速缩减至1.67亿美元。"合同总价达20亿美元,并按现汇支付。"③ 在外汇如此紧缺的局面下,国务院批示:"对于支付能力,首先要立足于出口和各方面节约外汇。"④ 通过出口换取美元,大力压缩其他方面使用外汇,举全国之力以保障宝钢建设资金的投入。1979年6月,陈云曾批示:"宝钢是一个特大项目,对全国、对上海来讲,都关系很大,事关全局。"李先念则言:"有生之年不多了,想把国家搞得好一些,搞点实力起来,你弱了,人家不理你那一套!""各条战线都要支持宝钢。"⑤ 由此可见,宝钢既是一个当时集全国之力投资建设的特大型钢铁项目,更是一个政

① 肖戈. 宝钢上海"投胎"记 [J]. 国企, 2010 (12).
② 张浩波. 回忆陈云决策宝钢 [J]. 党的文献, 2015 (168).
③ 张浩波. 回忆陈云决策宝钢 [J]. 党的文献, 2015 (168).
④ 欧阳英鹏. 宝钢故事 (1978—2008) [M]. 上海: 上海人民出版社, 2008: 58.
⑤ 徐庆全. 邓小平谈成立宝钢: 宝钢议论多 我们不后悔 [EB/OL]. 新华网, 2010-11-08.

治意义重大的对外开放工程。1979 年 9 月，邓小平就曾论定："历史将证明，建设宝钢是正确的。"① 1956 年中国钢铁产量只有 447 万吨，1975 年以 2390 万吨超过英国，1986 年突破 5000 万吨，1993 年以 8956 万吨超越美国，1996 年突破 1 亿吨，2020 年更是突破 10 亿吨，相当于美国和日本粗钢产量的 11 倍与 10 倍，至今已连续 26 年位居世界第一。② 同年，中国宝武钢铁集团粗钢产能突破 1 亿吨，首次超越卢森堡钢企安赛乐米塔尔，成为世界第一。世界前十的钢铁企业中，中国占了六成。③ 以宝钢为代表的中国钢铁业取得的巨大成就，既是中国改革开放道路成功的写照，同时，从某种意义上说，也足以告慰以毛泽东、邓小平为代表的那个时代的中国共产党领导人。

2017 年 10 月，中共十九大报告提出，"推动新型工业化、信息化、城镇化、农业现代化同步发展，主动参与和推动经济全球化进程，发展更高层次的开放型经济，不断壮大我国经济实力和综合国力。"④ 2022 年 10 月，中共二十大报告延续提法，"推进新型工业化，加快建设制造强国、质量强国、航天强国、交通强国、网络强国、数字中国。"⑤ 在中国特色社会主义新时代，"新型工业化"在内涵广度与深度两个层面都有了进一步的拓展。从广度上说，新型工业化之"新"结合新时代、新思想、新理念、新战略、新常态与新格局六大方面，被赋予了更为丰富更为全面的内容。

新时代是新型工业化的背景。"经过长期努力，中国特色社会主义

---

① 佚名 . 邓小平与宝钢建设 [N]. 宝钢日报，2014-08-28.

② 数据引自《新中国六十年统计资料汇编》《钢铁工业年鉴》及相关新闻资料。

③ 数据来源：《世界钢铁统计数据 2022》，世界钢铁协会编，布尔塞尔，2022 年 6 月 8 日。

④ 中共中央党史，文献研究院 . 十九大以来重要文献选编：上 [M]. 北京：中央文献出版社，2019：15.

⑤ 习近平 . 高举中国特色社会主义伟大旗帜　为全面建设社会主义现代化国家而团结奋斗——在中国共产党第二十次全国代表大会上的报告 [M]. 北京：人民出版社，2022：30.

进入了新时代，这是我国发展新的历史方位。"① 这个新时代着眼历史，立足现实，谋划未来，"意味近代以来久经磨难的中华民族迎来了从站起来、富起来到强起来的伟大飞跃，迎来了实现中华民族伟大复兴的光明前景；意味着科学社会主义在 21 世纪的中国焕发出了强大的生机活力，在世界上高高举起了中国特色社会主义伟大旗帜；意味着中国特色社会主义道路、理论、制度、文化不断发展，拓展了发展中国家走向现代化的途径，给世界上那些既希望加快发展又希望保持自身独立性的国家和民族提供了全新选择，为解决人类问题贡献了中国智慧和中国方案。"② 习近平总书记在十九大报告中的这段表述深刻地阐明了中国特色社会主义进入新时代的历史意义、政治意义、世界意义。这也意味着，新型工业化是在新的历史方位与新的起点上的工业化。新型工业化的目的是中华民族伟大复兴建立了更为强大的制造业能力与实力，同时也为其他工业化后进国家提供了一个"全新选择"。可以这样说，中国新型工业化取得成功将改写西方发展经济学关于工业化的基本结论。

新思想是新型工业化的指导。新时代给出了一个重大的时代课题，"这就是必须从理论和实践结合上系统回答新时代坚持和发展什么样的中国特色社会主义、怎样坚持和发展中国特色社会主义"③。时代课题的答案包含于习近平新时代中国特色社会主义思想之中。作为整个新时代中国特色社会主义事业的纲领性思想，推进新型工业必须以新思想为指导。新思想是"总揽全局、协调各方"的，新型工业化已经不再是单纯的工业化本身，也不仅仅是经济发展的领域。新型工业化要求协调

① 中共中央党史，文献研究院．十九大以来重要文献选编：上［M］．北京：中央文献出版社，2019：7.
② 中共中央党史，文献研究院．十九大以来重要文献选编：上［M］．北京：中央文献出版社，2019：7-8.
③ 中共中央党史，文献研究院．十九大以来重要文献选编：上［M］．北京：中央文献出版社，2019：8.

工业与其他产业、工业产业内部、经济行为与体制机制层面的相互关系，并使这些关系形成健康、持续、稳定的状态。同时，新型工业化既要关注进程动态是否均衡的问题，也要关注其阶段性工业化后果是否与"人们对于美好生活的向往"相一致。

新理念是新型工业化的内容。习近平强调："坚持新发展理念。发展是解决我国一切问题的基础和关键，发展必须是科学发展，必须坚定不移地贯彻创新、协调、绿色、开放、共享的发展理念。……推动新型工业化、信息化、城镇化、农业现代化同步发展，主动参与和推动经济全球化进程，发展更高层次的开放型经济，不断壮大我国经济实力和综合国力。"① 新型工业化的内容以创新为首要，没有意识的创新与技术的创新只能长期追随他人，落在人之后。2006 年世界银行《东亚经济发展报告》提出了"中等收入陷阱"（Middle Income Trap）的概念，即"鲜有中等收入的经济体成功地跻身为高收入国家，这些国家往往陷入了经济增长的停滞期，既无法在人力成本方面与低收入国家竞争，又无法在尖端技术研制方面与富裕国家竞争"②。对于当前的中国而言，跨越"中等收入陷阱"的唯一途径就是技术创新。只有通过技术创新与工业化有效结合、相互促进的方式，不断提高国家创新能力，才能够进一步突破工业化过程中存在的瓶颈，实现工业化水平在世界范围内的跨越，并处于领先地位。传统经验已经表明，工业与其他产业的协调、工业内部的协调是保证工业化取得良好预期的基本条件，失衡状态会造成对工业化进展的掣肘；以大量消耗资源、牺牲环境为代价的工业化模式是不可持续的。只有建立与资源、环境友好型的，以绿色为特征的工业

---

① 中共中央党史，文献研究院. 十九大以来重要文献选编：上 ［M］. 北京：中央文献出版社，2019：15.

② 世界银行：《东亚经济发展报告》，2006 年. GILL I，HUANG Y，KHARAS H. East Asian Visons：Perspectives on Economic Development ［M］. Washington：World Bank Publications，2006.

化模式才能从真正意义上符合人民追求实现工业化的愿望——美好生活不仅仅是满足对物质财富增长的追求，也体现为对"绿水青山"的向往。在新的时代背景与发展趋势下，工业体制已经不是独立的封闭的体系。换句话说，工业已不再是传统的工业本身，其与科技、教育、制度、社会取向、生态等密切关联。因此，新型工业化模式应是一个开放的系统，能够把科技成果、人才资源、制度改进等环节吸引到系统中加以应用，并相互之间建立起良性的正反向反馈机制。新型工业化的成果既能够使工业本身获益，同时也能够使系统中的各个环节受益，并且这些成果最终能够上升到整个国家与社会层面，惠及全民，惠及世界。

新战略是新型工业化的手段。2015 年 11 月，习近平在二十国集团领导人安塔利亚峰会上对世界经济趋势提出"怎么看?"与"怎么办?"的两大问题。他指出，"上一轮科技和产业革命所提供的动能已经接近尾声，传统经济体制和发展模式的潜能趋于消退。同时，发展不平衡问题远未解决，现有经济治理机制和架构的缺陷逐步显现。"① 为了解决传统经济体制与发展模式的固有缺陷，习近平认为以创新来化解是唯一的答案。2019 年 10 月，习近平指出，"实施创新驱动发展战略。把创新摆在第一位，是因为创新是引领发展的第一动力。发展动力决定发展速度、效能、可持续性。对我国这么大体量的经济体来讲，如果动力问题解决不好，要实现经济持续健康发展和'两个翻番'是难以做到的。当然，协调发展、绿色发展、开放发展、共享发展都有利于增强发展动力，但核心在创新。抓住了创新，就抓住了牵动经济社会发展全局的'牛鼻子'"。② 创新驱动发展战略的提出，对于整个国家与社会层面而

---

① 习近平. 创新增长路径 共享发展成果——在二十国集团领导人第十次峰会第一阶段会议上关于世界经济形势的发言（2015 年 11 月 15 日，安塔利亚）[N]. 人民日报，2015-11-16.

② 习近平. 深入理解新发展理念 [J]. 求是，2019（10）.

言，这是一个"泛指"，具有广泛的全面的重大意义。这一战略的实施能够大大地激发民众对意识创新、技术创新与制度创新的热情，能够有效形成全社会尊重创新的氛围，也能够极大地增强国家在当今世界格局中的竞争力与引领力。从"特指"的角度来讲，新型工业化通过实施创新驱动发展战略，以创新来增强工业领域的能力与实力，有助于实现我国工业产业结构的升级与工业产品竞争力的大幅度提高。

新常态是新型工业化的特点。2014 年 5 月，习近平首次提出"新常态"。同年 11 月 9 日，习近平在亚太经合组织工商领导人峰会开幕式上的演讲中指出："中国经济呈现出新常态，有几个主要特点。一是从高速增长转为中高速增长。二是经济结构不断优化升级，第三产业、消费需求逐步成为主体，城乡区域差距逐步缩小，居民收入占比上升，发展成果惠及更广大民众。三是从要素驱动、投资驱动转向创新驱动。"以新常态来判断当前中国经济的基本特征，这充分表明，以习近平同志为核心的中国共产党领导人对当前中国经济增长阶段变化规律的认识更加深刻了。而这个新常态，同样是中国新型工业化进程中表现出的特征。2015 年，在中央经济工作会议上，习近平强调供给侧结构性改革问题，引起巨大反响。2016 年 1 月，他再次强调，"结构性"三个字十分重要，简称"供给侧改革"也可以，但不能忘了"结构性"三个字。"供给侧结构性改革，重点是解放和发展社会生产力，用改革的办法推进结构调整，减少无效和低端供给，扩大有效和中高端供给，增强供给结构对需求变化的适应性和灵活性，提高全要素生产率。……特别是推动科技创新、发展实体经济、保障和改善人民生活的政策措施，来解决我国经济供给侧存在的问题。""供给侧管理，重在解决结构性问题，注重激发经济增长动力，主要通过优化要素配置和调整生产结构来提高供给体系质量和效率，进而推动经济增长。""推进供给侧结构性改革，要从生产端入手，重点是促进产能过剩的有效化解，促进产业优化重组，降低企业成本，发展战略性新兴产业和现代服务业，增加公共产品和服务供给，提高供给结构对需求变化的适应性和灵活性。简言之，就是去产能、去库存、去杠杆、降成本、补短板。"① 毋庸置疑，从新常态到供给侧结构性改革，习近平既分析了经济发展的基本特点，也给出了解决问题的答案和思路。

新格局是新型工业化的目标。2021 年 1 月，习近平在省部级主要领导干部专题研讨班发表讲话。他强调："加快构建以国内大循环为主体、国内国际双循环相互促进的新发展格局，是'十四五'规划《建议》提出的一项关系我国发展全局的重大战略任务，需要从全局高度准确把握和积极推进。""加快构建新发展格局，就是要在各种可以预见和难以预见的狂风暴雨、惊涛骇浪中，增强我们的生存力、竞争力、发展力、持续力，确保中华民族伟大复兴进程不被迟滞甚至中断。"②新格局的构建对于新型工业化的推进与实现而言，意义尤为重大。随着中国经济持续保持健康稳步的增长态势，中国的国家实力与国际影响力在国际舞台上日益彰显。以美国为首的西方资本主义体系面对中国特色社会主义的崛起，开始采用各种手段——或者是明目张胆，或者是秘而不宣，对中国经济尤其是新兴产业与科技领域进行遏制和打压。要破解这种局面，除了采取针锋相对措施进行回击外，根本意义还在于必须看清形势及其背后的实质，做到未雨绸缪，因此，加快构建新发展格局已经成为当前中国最为重大的战略任务。就新型工业化进程而言，其承受的这种外来压力与遏制是最为明显、最首当其冲的。为了防患于未然，一方面，加强科学技术领域创新与突破，打造破解之"矛"。2020 年 9

---

① 中共中央文献研究室．十八大以来重要文献选编：下［M］．北京：中央文献出版社，2018：173，173-174．

② 中央宣传部，中央党史，文献研究院，等．习近平谈治国理政：第 4 卷［M］．北京：外文出版社，2022：174-175．

月，中国科学院院长白春礼在"率先行动"计划第一阶段实施进展发布会上表示："面临美国对中国高科技产业的打压，我们希望在这方面能做一些工作。我们把美国'卡脖子'的清单变成我们科研任务清单进行布局，比如航空轮胎、轴承钢、光刻机，还有一些关键的核心技术、关键原材料等。我们争取将来在第二期，聚焦在国家最关注的重大的领域。"① 另一方面，新型工业化结合"一带一路"倡议实施的大环境，在产业布局上推动国内各区域之间的合理化，并通过与周边国家的友好合作，实现产能国际转移与布局。

自新型工业化概念提出以来，我国社会主义工业化取得了巨大的成就。2002 年工业增加值为 4.74 万亿元，到 2019 年增长至 31.71 万亿元，名义规模扩张 6 倍。其中第一产业增加值占国内生产总值比重为7.1%，第二产业增加值比重为 39.0%，第三产业增加值比重为 53.9%；从三大产业结构来看，第一、第二产业占比逐年下降，第三产业占比逐年增加；万元 GDP 用水量由 2002 年的 $537m^3/$万元降至 2019 年的 $67m^3/$万元。②③ 创新驱动发展取得突破性进展与实效，技术创新已经成为推动我国经济增长的第一驱动力。2012—2022 年，我国全社会研发经费支出从 1 万亿元增加到 2.8 万亿元，居世界第二位，科技进步贡献率从 52.2%提升到超过 60%；全球创新指数排名由第 34 位上升到第 11位；国际专利申请数量连续三年位居世界第一；2011 年至 2021 年 9 月，我国各学科"高被引"国际论文数为 4.29 万篇，居世界第二位、占比24.8%；探月工程、火星探测计划、载人航天工程等工程顺利实施，高

① 国务院新闻办就中国科学院"率先行动"计划第一阶段实施进展有关情况举行新闻发布会 [EB/OL]. 新闻办网站，2020-09-16.
② 国家统计局. 中华人民共和国 2005 年国民经济和社会发展统计公报 [J]. 中国统计，2006（3）：4-8.
③ 国家统计局. 中华人民共和国 2019 年国民经济和社会发展统计公报 [J]. 中国统计，2020（2）：8-22.

性能装备、智能机器人、增材制造、激光制造等技术取得突破；数字经济占国内生产总值比重接近 40%。中国对世界经济增长贡献率连续多年一直保持在 30% 左右，制造业增加值占全球比重由 2012 年的 22.5% 提高到 2021 年的近 30%，持续保持世界第一制造业大国的地位。货物贸易进出口总额从 2012 年的 24.4 万亿元增加到 2021 年的 39.1 万亿元，连续 5 年排名全球第一，占国际市场的份额从 2012 年的 10.4% 提升到 2021 年的 13.5%，全球货物贸易第一大国地位进一步巩固。① 简言之，中国仅仅用几十年的时间就获得了发达国家几个世纪取得的工业化成就。

四、新发展理念与制造业核心竞争力

2015 年 10 月，在中共十八届五中全会上，习近平总书记提出了"新发展理念"，即"创新、协调、绿色、开放、共享"五大理念。从"全面、协调、可持续"发展理念到新发展理念，理念之"新"来源于时代背景的深刻变化和人民向往美好生活提出的需求。2020 年 10 月，习近平总书记在十九届五中全会的讲话中指出："深刻认识人民对美好生活的向往，增强解决发展不平衡不充分问题的针对性。我国长期所处的短缺经济和供给不足的状况已经发生根本性改变，人民对美好生活的向往总体上已经从'有没有'转向'好不好'，呈现多样化、多层次、多方面的特点。"② 毫无疑问，新发展理念是在"以人民为中心"的基础上提出来的。新发展理念又与新阶段、新格局紧密相连。中国特色社

---

① 刘元春. 我国基尼系数改变了过去的上升趋势 [N]. 人民日报，2022-11-11 (9).
② 习近平. 论把握新发展阶段、贯彻新发展理念、构建新发展格局 [M]. 北京：中央文献出版社，2021：3.

会主义新时代的新发展阶段是一个由宏观到中观的概念。"时代是思想之母，实践是理论之源。"新时代是一个大背景，一切思想、理论、理念皆源自时代背景下的实践。在特定时代的特定阶段，要解决和实现的就是特定的问题、特定的目标。在新阶段，目标非常鲜明，即"全面建设社会主义现代化国家、向第二个百年奋斗目标进军"；同样，问题既明确又复杂，即"我们必须围绕解决好人民日益增长的美好生活需要和不平衡不充分的发展之间的矛盾"。因此，习近平总结说："构建新发展格局必须坚定不移地贯彻新发展理念。……各方面已形成高度共识，实践也在不断深化。贯彻新发展理念，必然要求构建新发展格局，这是历史逻辑和现实逻辑共同作用导致的。要坚持系统观念，加强对各领域发展的前瞻性思考、全局性谋划、战略性布局、整体性推进，加强政策协调配合，使发展的各方面相互促进，把贯彻新发展理念的实践不断引向深入。"①

新发展理念的根本点在于：对内而言，解决国内主要矛盾，在满足人民对美好生活向往的各种需求的基础上，不断增强国家的综合实力与能力，形成强大的内部共识与凝聚力；对外而言，深刻认识国际形势，洞察世界发展趋势本质，以内部的凝聚力带动增强在外部的生存力、竞争力，最终达到内外兼修的状态。正如习近平所言，"要在各种可以预见和难以预见的狂风暴雨、惊涛骇浪中，增强我们的生存力、竞争力、发展力、持续力，确保中华民族伟大复兴进程不被迟滞甚至中断。"②在中华民族伟大复兴的进程中，总会遇到各种问题、诸多因素及潜在暗势力的阻碍、干扰或破坏。因此，保证复兴进程如期实现，就需要具备

---

① 习近平. 论把握新发展阶段、贯彻新发展理念、构建新发展格局 [M]. 北京：中央文献出版社，2021：13.

② 中央宣传部，中央党史，文献研究院，等. 习近平谈治国理政：第4卷 [M]. 北京：外文出版社，2022：175.

强大的综合国力。其中，所谓生存力，是指在错综复杂而又严峻的国际环境中，一个国家能否自主地按照自己既定的规划与目标进行发展的能力，并且能够始终在动荡的局面中站稳脚跟持续前行。简言之，国家生存力就是独立自主的能力与战略定力的总和。有独立自主的意愿而无独立自主的能力，最终的结局将是国家主权与国家利益受到严重的侵害。有独立自主的能力而无战略定力，那么，就容易"随风起舞""随波逐流"，最终失去自身发展的节奏与目标。所谓竞争力，是指在世界舞台中，一个国家参与国际政治经济事务的能力。从具体上说，可以包括产品竞争力、科技竞争力、文化竞争力等方面。所谓发展力，是指国家不断壮大直至达到国强民富状态的能力。发展力往往是内生性的，即发展的内生动力。这种内生动力取决于一个国家的政党执政能力及市场、产业、技术、人才、资源、制度、政策等诸多方面的综合。所谓持续力，是指国家保持稳步健康发展状态的能力。持续力取决于发展模式是否能够持续，发展动能是否能够持久，还有国家执政基础是否能够持久稳固。从"四力"的相互逻辑关系来说，生存力、竞争力是基础，发展力是动能，持续力是对前三者的集成。历史经验表明，一个国家由贫弱走向富强，往往依赖于其内生的综合发展能力。而发展能力的增强则又有其内生的演化规律和逻辑路线，即都要经过从增强生存力、发展竞争力、拥有发展力到保证持续力的演进过程。"理念是行动的先导"，坚持新发展理念是新时代国家实力增强的必要前提，也是新型工业化不断推进直至实现必要坚持的信条与内容。不言而喻，只有将新发展理念贯穿始终，贯穿于国家与社会发展的各个层面，才能够保证新时代中国特色社会主义在日趋激烈的国际竞争中把握主动、赢得未来。

从经济学角度上说，国家的竞争力主要包括三个组成内容，即核心竞争力、环境竞争力、基础竞争力。一个国家在参与国际竞争的过程中之所以能够获得胜出，往往在于这个国家具备了超常的发展能力。所谓的超常，包含了两个层面的含义：一是国家发展能力超出国家发展能力均值，处于国家竞争群的排头位置。二是国家拥有引领开创的能力，不会总是因循别国的老路。这种引领开创的能力有赖于国家独有的创新意识与转化能力以及实现创新能力必不可少的人才素质规模、制度性环境等。简言之，一个国家的核心竞争力取决于三大要素，即人才素质、创新意识、制度环境。另外，从国际竞争现实来看，制造业核心竞争力又是国家核心竞争力的直接表现和关键所在。制造业的整体竞争力，按照层次由低到高大致分为四个方面，即资源优势竞争力，生产效率优势竞争力，生产技术、工艺以及质量管理体系优势竞争力及核心技术与品牌价值竞争力。从层级上说，我国制造业在前三个层面的竞争力相对较强，第四个层面也是最核心的层面，则依然较弱。2013 年 7 月，习近平总书记在湖北考察改革发展工作时的讲话中谈到了工业化与核心竞争力。他说："工业化很重要，像我们这么一个大国，要想强大，必须靠实体经济。经济不能泡沫化。自力更生的精神什么时候也不能少，所以工业是我们的立国之本，工业要靠自力更生、自主研发、自主创新，形成我们的核心竞争力。只有这样，才能推动国家繁荣富强。"① 2018 年10 月，习近平在考察横琴新区粤澳合作中医药科技产业园时，发表讲话，"制造业的核心就是创新，就是掌握关键核心技术，必须靠自力更生奋斗，靠自主创新争取，希望所有企业都朝着这个方向去奋斗"。② 2021 年 12 月 8 日至 10 日召开的中央经济工作会议指出，"要提升制造业核心竞争力，启动一批产业基础再造工程项目，激发涌现一大批'专精特新'企业"。15 日，国务院常务会议做出部署，加大对制造业

---

① 贺方程. 时不我待：推动高质量发展，建功新时代新征程［N］. 长江日报，2021-11-18（3）.

② 张晓松，谢环驰. 习近平强调自主创新：要有骨气和志气，加快增强自主创新能力和实力［EB/OL］. 新华社，2018-10-23.

的政策支持，积极支持实体经济稳定发展。2022 年 3 月，十三届人大五次会议上的《政府工作报告》再次指出，"增强制造业的核心竞争力。促进工业经济平稳运行，加强原材料、关键零部件等供给保障，实施龙头企业保链稳链工程，维护产业链供应链安全稳定。引导金融机构增加制造业中长期贷款。启动一批产业基础再造工程项目，促进传统产业升级，大力推进智能制造，加快发展先进制造业集群，实施国家战略性新兴产业集群工程。着力培育'专精特新'企业，在资金、人才、孵化平台搭建等方面给予大力的支持。推进质量强国建设，推动产业向中高端迈进。"① 制造业是立国之本、强国之基、财富之源，制造业实力往往是综合国力的集中体现。因此，制造业核心竞争力是"国之大者"。提升制造业核心竞争力，对于进一步壮大实体经济，促进国内国际双循环，加快建设现代产业体系具有非常重大的意义。

纵观工业进化史，可以得出的基本结论是"得工业者得天下"。从 19 世纪 20 年代开始，英国利用第一次工业革命的先发优势，一举成为世界上最强大的国家。紧随英国之后，美国、德国利用第二次工业革命的先机，发展成为世界强国。在第三次工业革命中，美国占据优势，并在此后的近半个世纪内维持了全球制造强国的优势竞争地位。20 世纪 80 年代后，随着工业化的不断推进，中国逐步成为全球范围内重要的制造业竞争参与者。从毛泽东时代开始，中国确立了国家工业化战略，推动由传统农业国向先进工业国的转型。在毫不动摇地坚持实施工业化战略的基础上，中国共产党带领全国人民经过一代代人的坚持不懈和艰苦奋斗，逐步向既定目标迈进。尤其是随着改革开放不断深入，中国的制造业由小到大、由弱至强，成功实现了经济总量与制造业总量的连续超越。2010 年，中国超越日本，跻身世界第二大经济体。同年，我国

---

① 国务院研究院编写组. 十三届全国人大五次会议《政府工作报告》辅导读本 [M]. 北京：人民出版社，中国言实出版社，2022：5.

制造业的增加值超过美国，成为全球最大制造国。至 2021 年，中国制造业增加值连续十一年位居世界之首，制造业增加值总规模占全球30%，超过美国、日本、德国三国之和（美国 16%、日本 7%、德国6%）。① 中国制造业的发展，用了不足五十年时间就实现了赶超，创造了奇迹。但是，我们必须清醒地认识到我国社会主义工业化奇迹背后被掩盖的问题。按照经济学的标准，衡量制造业竞争力有三个重要的指标，即人均制造业增加值、高科技含量、世界影响力。2021 年按联合国公布的工业竞争力排名，中国居于德国之后，排名第二，接下来依次为韩国、美国。按平均水平计算，中国工业产品的高科技含量为 15%，位居全球主要工业制造国的中游。中国是目前全球工业体系最完整、产业链最为齐全的国家，被称为"世界工厂"。在 500 多种主要的工业产品中，中国制造的产量占 40%，位于全球第一。尽管在以卫星导航、5G 技术、特高压输电为代表的某些领域，中国处于世界领先地位，但制造业总体上的劣势非常明显，制造业落后产能居多。另外，西方国家制造业的萎缩具有特定的时代背景。20 世纪五六十年代，在全球经济一体化浪潮的推动下，许多欧美国家将制造业下游产业链大量外迁，导致其制造业能力整体下降，但是制造业产业链上游与顶端则依然保持在本国，并且制造业日益集中在少数研发密集型领域，形成了强大的技术垄断能力。基于此，2012 年党的十八大以后，以习近平同志为核心的中国共产党领导人高度重视制造业的产业升级与创新发展。随着新型工业化的推进，中国制造业也开始由逐低向竞高的方向转变。改革开放初期至 2010 年前后，中国通过低土地成本、低劳动力成本、低税收成本等吸引外部投资，加速了制造业产能向中国转移。这就是所谓的"逐低竞争"。2012 年后，中国制造业规模位居世界第一，工业资本积累实

---

① 佚名. 连续 11 年世界第一，中国制造业超过了美国、日本、德国的总和，英国对此感慨，已经不再是清朝时期了 [EB/OL]. 俄罗斯卫星通讯社，2021-03-02.

力和技术创新能力大大增强,因此,"竞高竞争"就成为这个时期的主要特征。① 在创新驱动发展战略与新理念的指引下,中国开始重视制造业核心竞争力的培养,并推动制造业产业升级与高质量发展。制造业低端产能被逐步淘汰压缩,产业重心逐步向先进制造业、高技术制造、高新技术产业方向转变。2020 年,中国制造业领域的研发投入占全国研发经费总投入的比重超过 60%,这为建设制造强国、创新强国奠定了坚实的经济基础。在众多的科技创新成果逐步向制造业产业化转化的同时,中国由传统制造业向高端制造业的演进呈现不可阻挡之态势。

制造业核心竞争力是国家核心竞争力的核心。作为全球唯一一个全产业链国家,中国不可避免地既要在传统制造业领域与新兴国家进行竞争,同时又要在高端制造领域与欧美国家展开竞争。尤其与后者的竞争,实则就是制造业核心竞争力之争。前法国阿尔斯通集团高管、《美国陷阱》一书的作者之一弗雷德里克·皮耶鲁齐在接受深圳卫视专访时说:"阿尔斯通的结局,实际上是美国技术霸权主义的杰作。通过各种手段进行打压,最终导致这家曾经的全球电力能源与轨道交通行业的领军工业巨头,被美国人成功'肢解'。"② 在评价全球 5G 巨头、中国华为的高管孟晚舟事件时,皮耶鲁齐说:"我和孟女士的两个事件,其实在很多方面都有很大的不同,即便我们有着相似的过程。基本上就是美国通过逮捕一名高级管理人员来围堵一家大公司。……她在华为的地位比我在阿尔斯通的地位要高得多。我和她这两件事,最大的不同是,她获得了公司的全力支持,并获得了国家的鼎力支持,这一点非常重要。因为你可以看到,中国与美国达成了一项协议,这说明整个国家都

---

① 周民良. 稳定提升制造业核心竞争力要立新功 [J]. 中国发展观察,2021(24).
② 万涵. 孟晚舟获得了国家鼎力支持,而我没有 [EB/OL]. 深圳卫视《直新闻》,2021-10-02.

站在她的身后。"① 孟晚舟事件的结局，从根本上说，反映的是中国与美国在一定程度上的国家实力与国际地位、国际影响力的较量。不可否认的是，近些年来的事实已经表明，当制造业核心竞争力不强，当核心环节和关键技术受制于人时，中国制造业参与国际竞争就会面临巨大的风险和挑战，甚至遭遇"阿尔斯通的命运"。在此背景下，重视并加强制造业核心竞争力的提升，就成为唯一且必然的选择。从经验上来看，工业化进程的推动及其取得的成果主要依赖于科技创新的能力及其转化能力。换句话说，制造业竞争已经成为国与国竞争的主要内容，也日益演变为科技创新能力与创新成果向产业转化能力的竞争。正是在清醒地认识到与世界工业强国的客观差距的基础上，中国社会主义新型工业化对工业高质量发展提出了更为明确、更为强烈的内生性要求。推进工业高质量发展，进而增强制造业核心竞争力，必然要求中国将发展先进制造业置于更加突出、更为显著的地位，并且还必然要求中国的制造业加大技术投入与创新，加大与科研机构、高等院校的合作，实现创新科技向产业进行有效的转化，进而实现我国制造业由大变强、由强变精的目标。

按照美国国家科学基金的统计数据，2016 年美国产业部门 70% 的研发集中在制造业，制造业产品出口占美国出口的一半，制造业领域的科学家与工程师数量占全部产业领域的 60%。从长期数据来看，美国在制造业领域投入的研发经费大约占总经费的 60%—70%，并且研发成果向产业的转化集中于制造业领域。2000—2009 年，美国五大研发密集型制造业真实平均产出增长率达到 27%，涉及半导体、通信设备、计算机、医药和医疗设备行业；五个大型传统制造业领域真实平均产出增长率为-23%，涉及化学、机械、电气设备、塑料橡胶、金属制品五方面。

---

① 万涵. 孟晚舟获得了国家鼎力支持，而我没有 [EB/OL]. 深圳卫视《直新闻》，2021-10-02.

2008 年世界金融危机爆发后，美国开始反思资产金融化所带来的严重弊端，并重新确立了制造业回归与制造强国建设的政策。2017 年，美国政府提出《先进制造美国领先战略》，"制造业几乎在美国所有经济部门都扮演着极其重要角色，由创新驱动的先进制造业包括新的制造方法、新的制造产品，是美国经济的引擎和国家安全支柱，并要求联邦政府、州和地方政府必须一起努力支持先进制造"。① 从奥巴马、特朗普到拜登，美国三任总统都试图维持美国世界制造业第一强国的地位。美国总统拜登将中国视为美国最大的竞争对手。他认为，要赢得与中国的竞争，必须确保美国制造。为支持美国制造业的发展，美国出台了一系列文件，要求推动再工业化、技术创新和维持产业竞争地位。"同时，美国为维护研发和产业占据一定优势的先进制造优势，对中国企业和机构频频出手，对中国创新链、交流链、产业链，采用无所不用其极的手段进行打击，就是要维护美国高端制造业的垄断地位，同时削弱中国制造业追赶的后发优势，以产业霸权继续在全球行使经济霸权、政治霸权和军事霸权。"②

从现阶段看，在中国的制造业产业结构中，高技术制造、先进制造所占比重依然不高，在全球制造业产业分工中还处于中低端的地位。持续提升制造业核心竞争力，从长期看是实现中华民族伟大复兴的必由之路，事关国家发展大局、关乎长短期各类发展目标的实现。因此，习近平在各类会议与考察中反复地强调创新驱动发展、提升制造业核心竞争力、做大做强制造业。很显然，提升制造业核心竞争力，要求立足新发展阶段，坚定贯彻新发展理念，努力构建制造业新发展格局。一方面，必须高度重视实业经济发展，避免"脱实向虚"，防止国民经济过度金融化、泡沫化。客观上说，自 2010 年以来，我国经济出现了泡沫化倾

① 周民良 . 稳定提升制造业核心竞争力要立新功［J］. 中国发展观察，2021（24）.
② 周民良 . 稳定提升制造业核心竞争力要立新功［J］. 中国发展观察，2021（24）.

向，并对以制造业为代表的实体经济造成严重冲击和影响。2011 年我国工业增加值占 GDP 的比重为 45.9%，至 2020 年为 26.3%，在十年的时间内，下降幅度达到 19.3 个百分点。这一状况曾引发社会各界的高度关注。对此，中共中央制定出台了许多政策文件对"泡沫化"现象进行政策管理与干预，坚定支持制造强国建设主导方向，要求制造业发挥优势和趋利避害，避免因严重泡沫经济冲击可能造成的巨大副作用。在政策的干预和指引下，制造业比重持续下降的趋势得到了一定程度的扭转，2021 年我国制造业增加值占国内生产总值的比重达 27.4%，比上年提高了 1.1 个百分点，十年内首次回升。另一方面，积极推动制造业领域的科技创新，推动制造业结构优化与转型升级。落实创新驱动制造业发展，解决重大科技创新转化的效率问题，构建起一整套高效的政策协调与任务推进体制机制。从现实紧迫任务的角度上说，应首先解决"卡脖子"技术形成纵向与横向相协调的管理体系，加强全国人、财、物向特定技术领域集中的运作机制，举全国之力进行技术攻关，并加快重大成果的产业化进程。再者，瞄准并提前在新一代信息技术产业、生物医药产业、装备制造业、航空航天等产业进行技术布局，加快提升高技术制造业、高新技术产业、先进制造业在整个制造业投入和产出中的比重；建设具有创新优势与产业优势的世界级先进制造业集群，打造制造强国建设的高精尖领域。

从 2013 年至今，以习近平同志为核心的中国共产党领导人将发展实体经济特别是将制造业放在显著位置，使得制造业核心竞争力提升与制造强国建设的进程不断加快。当前，我国制造业总体情况可以总结为，"生产规模进一步扩大、技术水平取得跨越、产品质量持续提高、核心竞争力不断提升"①。一是我国制造业总量规模，近十年来，在全

---

① 许召元. 三大原因推动制造业核心竞争力近十年不断提升 [N]. 中国经济时报，2022-06-08 (1).

球范围内的比重持续扩大,为制造业核心竞争力提升奠定了重要基础。二是制造业整体技术水平持续进步。近十年来,在大力推进技术创新的基础上,在全球范围内居于技术领先地位的产业与企业数量逐步增加。其中,2021 年,103 家代表全球制造业领域智能制造和数字化最高水平的"灯塔工厂"中,中国企业达到 37 家,占了近三成。根据世界品牌实验室发布的全球品牌 500 强报告,中国的制造业品牌由 2012 年的 6 个增加到 2020 年的 15 个,比重由 1.2%提升至 3.0%。[①] 并且,中国制造业在数字技术领域已经具备了一定的全球优势。因此,坚持以新发展理念引领新型工业化发展,是缩小中国与世界先进工业国在工业化、创新能力和人才支撑水平等方面存在差距的必然选择,也是进一步做大国民经济总量、优化经济与产业结构、保持经济快速健康发展态势、最终建成社会主义现代化强国的必然选择。

[①] 许召元. 三大原因推动制造业核心竞争力近十年不断提升 [N]. 中国经济时报,2022-06-08 (1).

第四章

中国特色社会主义新时代推进新型
工业化思路与蓝图

2017 年 10 月 18 日，习近平总书记在中共十九大宣布："经过长期努力，中国特色社会主义进入了新时代，这是我国发展新的历史方位。"① 在改革开放和社会主义现代化建设取得历史性成就的基础上，当中国特色社会主义事业站在新的历史起点上，准备进入新的发展阶段之际，中国共产党在理论创新上实现了新的飞跃，形成了习近平新时代中国特色社会主义思想。

习近平新时代中国特色社会主义思想系统地回答了"新时代坚持和发展什么样的中国特色社会主义，怎样坚持和发展中国特色社会主义"这一重大时代课题。在新时代背景下，在习近平新时代中国特色社会主义思想的指引下，在发展环境和发展条件有重大变化的基础上，中国共产党的执政方式和执政方略有了重大的创新，发展理念和发展方式有了重大的转变，对国家与社会发展水平、发展要求变得更高了。这一重大历史性理论创新成果的诞生，对国家发展全局产生了广泛而深刻的影响。从十九大到二十大，这是非凡的五年。当代社会主义中国正由大国迈向强国，日益走近世界舞台的中央；当代社会主义中国已不再是国际秩序的被动接受者，而正成为推动世界和平发展与国际秩序的参与

---

① 中央宣传部，中央党史，文献研究院，等．习近平谈治国理政：第 3 卷 [M]．北京：外文出版社，2020：8.

者、建设者和引领者。

2018 年 12 月，习近平在庆祝改革开放四十周年大会上作讲话时，高度概括了改革开放取得的重大成就：

> "四十年来，我们始终坚持以经济建设为中心，不断解放和发展社会生产力，我国国内生产总值由 3679 亿元增长到 2017 年的 82.7 万亿元，年均实际增长 9.5%，远高于同期世界经济 2.9% 左右的年均增速。我国国内生产总值占世界生产总值的比重由改革开放之初的 1.8% 上升到 15.2%，多年来对世界经济增长贡献率超过 30%。我国货物进出口总额从 206 亿美元增长到超过 4 万亿美元，累计使用外商直接投资超过 2 万亿美元，对外投资总额达到 1.9 万亿美元。我国主要农产品产量跃居世界前列，建立了全世界最完整的现代工业体系，科技创新和重大工程捷报频传。我国基础设施建设成就显著，信息畅通，公路成网，铁路密布，高坝矗立，西气东输，南水北调，高铁飞驰，巨轮远航，飞机翱翔，天堑变通途。现在，我国是世界第二大经济体、制造业第一大国、货物贸易第一大国、商品消费第二大国、外资流入第二大国，我国外汇储备连续多年位居世界第一，中国人民在富起来、强起来的征程上迈出了决定性的步伐！"①

在改革开放的四十年间，在中国特色社会主义事业取得的辉煌成就中，工业化做出了巨大贡献。从国家工业化基本实现到新型工业化继续推进，这是中国共产党领导人对于中国特色社会主义工业化认识的不断

---

① 中共中央党史，文献研究院 . 十九大以来重要文献选编：上［M］. 北京：中央文献出版社，2019：725.

深入，对中国特色社会主义工业化探索与实践结果的高度肯定。2021年，在全面建成小康社会、实现第一个百年奋斗目标的同时，迎来建党一百周年，开启了全面建设社会主义现代化国家新征程，向第二个百年奋斗目标迈进。2022年10月，习近平总书记在中共二十大报告中再次高度评价自十八大以来十年间所取得的非凡成就：

> "我国经济实力实现历史性跃升。国内生产总值从五十四万亿元增长到一百一十四万亿元，我国经济总量占世界经济的比重达百分之十八点五，提高了七点二个百分点，稳居世界第二位；人均国内生产总值从三万九千八百元增加到八万一千元。谷物总产量稳居世界首位，十四亿人的粮食安全、能源安全得到有效保障。城镇化率提高十一点六个百分点，达到百分之六十四点七。制造业规模、外汇储备稳居世界第一。建成世界最大的高速铁路网、高速公路网，机场港口、水利、能源、信息等基础设施建设取得重大成就。我们加快推进科技自立自强，全社会研发经费支出从一万亿增加到二万八千亿元，居世界第二位，研发人员总量居世界首位。基础研究和原始创新不断增强，一些关键核心技术实现突破，战略性新兴产业发展壮大，载人航天、探月探火、深海深地探测、超级计算机、卫星导航、量子信息、核电技术、大飞机制造、生物医药等取得重大成果，进入创新型国家行列。"[①]

毫无疑问，这十年间，新型工业化在新理念的指引下，在实现高质

---

① 习近平. 高举中国特色社会主义伟大旗帜 为全面建设社会主义现代化国家而团结奋斗——在中国共产党第二十次全国代表大会上的报告 [M]. 北京：人民出版社，2022：8.

量发展、构建新发展格局的过程中，付出了巨大的努力，取得了巨大的成效。在向第二个百年奋斗目标奋进的新征程上，新型工业化将继续扮演重要角色，发挥强大的支撑作用。

一、百年未有之大变局与新型工业化战略升级

2017 年 12 月，中共十九大后，习近平总书记在接见驻外使节工作会议发表讲话时首次使用了一个新提法："中国特色社会主义进入了新时代。……正确认识当今时代潮流和国际大势。放眼世界，我们面对的是百年未有之大变局。"① 2018 年 6 月的中央外事工作会议上，习近平总书记再次强调："当前，我们处于近代以来最好的发展时期，世界处于百年未有之大变局，两者同步交织、相互激荡。"② 关于"我们处于"与"世界处于"的论述，说明"百年未有之大变局"之变是建立在比较意义上的。2018 年 9 月，习近平总书记在"中非合作论坛"北京峰会上提出："放眼世界，我们面对的是百年未有之大变局。新世纪以来一大批新兴市场国家和发展中国家快速发展，世界多极化加速发展，国际格局日趋均衡，国际潮流大势不可逆转。"③ 这一论述将"百年未有之大变局"含义变得清晰。这是习近平总书记对世界形势做出的重大判断，同时也对新时代中国特色社会主义各个层面的发展具有重大的指导意义。

---

① 习近平接见二〇一七年度驻外使节工作会议与会使节并发表重要讲话 [N]. 人民日报，2017-12-29 (1).
② 中央宣传部，中央党史，文献研究院，等. 习近平谈治国理政：第 3 卷 [M]. 北京：外文出版社，2020：428.
③ 携手共命运 同心促发展——习近平在 2018 年中非合作论坛北京峰会开幕式上的主旨讲话 [N]. 人民日报，2018-09-04 (2).

在习近平总书记提出"百年未有之大变局"的一百四十五年前，即 1872 年 5 月，李鸿章上奏《复议制造轮船未可裁撤折》，也对当时的世界大势作了一个评论，"臣窃惟欧洲诸国，百十年来，由印度而至南洋，由南洋而至中国，闯入边界腹地，凡前史所未载，亘古所未通，无不款关而求互市。我皇上如天之度，概与立约通商，以牢笼之，合地球东西南朔九万里之遥，胥聚于中国，此三千余年一大变局也"。李鸿章的奏折展示的图景，是国力式微局面下任人摆布的现实反映，因此，这个"三千年来未有之大变局"之变，从根本意义上讲，就是三千年历史进程中中国与中华民族由盛转衰的节点。而习近平总书记言道的"百年未有之大变局"之变，则正好与之相反。他指出的是自鸦片战争的一百多年来中国与中华民族由弱到强、由衰转盛的节点，也是中国共产党建党百年来带领中国人民艰苦奋斗，实现民族伟大复兴的节点。这个"变"包含三个层面的内容：首先，时代之变。新一轮科技革命和产业革命加快重塑世界。科技与信息、人工智能、大数据、量子信息、生物技术等新一轮科技革命和产业变革正在积聚力量，催生了大量新产业、新业态、新模式，给全球发展和人类生活带来翻天覆地的变化。人类社会在不断发展的同时也面临着空前的机遇和挑战。其次，世界之变。全球化与逆全球化并行、和平发展与不稳定、不确定共存。全球化与世界和平依然是主题，但是世界经济增长乏力，贸易保护主义、孤立主义、民粹主义等思潮不断抬头，贫富分化日益严重，地区热点问题此起彼伏，恐怖主义、网络安全、重大传染性疾病、气候变化等非传统安全威胁持续蔓延。再次，也是最为重大的，即中国之变。新兴市场国家和发展中国家快速发展，尤其是中国的发展，国际力量对比更趋均衡。中国正日益走近世界舞台的中央，中国的经济实力与抗疫所展示的治理能力成为中华民族走向伟大复兴的重要标志之一。按照世界银行 2015 年标准，"人均 GDP 低于 1045 美元为低收入国家，在 1045 美元至 4125

美元之间为中低等收入国家，在 4126 美元至 12 735 美元之间为中高等收入国家，高于 12 736 美元为高收入国家"。按照中国国家统计局公布的数据，2019 年中国人均 GDP 首次突破 1 万美元，达 10 276 美元；2020 年人均 10 504 美元，GDP 总量突破 100 万亿人民币。2021 年中国人均 GDP 约为 12 551 美元，经济总量达 114.4 万亿元。① 单从数字上看，我国距高收入国家门槛近在咫尺。

虽然只有一步之遥，但在迈向高收入国家的进程中，我国依然面临重重阻碍。一般来说，新兴国家进入高收入国家行列，需要跨越四大陷阱，即"中等收入陷阱"（Middle Income Trap）、"修昔底德陷阱"（Thucydides Trap）、"塔西佗陷阱"（Tacitus Trap）及"顾炎武陷阱/悖论"（Gu Yanwu Trap）②。从经验的角度上说，"陷阱"虽有自然形成部分，但大部分却是"人为"制造的。前两者主要针对一个新兴大国的外部环境而言，后二者则针对内部问题而言。所谓"中等收入陷阱"（Middle Income Trap），按照世界银行《东亚经济发展报告（2006）》的定义，"鲜有中等收入的经济体成功地跻身为高收入国家，这些国家往往会陷入经济增长的停滞期，既无法在人力成本方面与低收入国家竞争，又无法在尖端技术研制方面与富裕国家竞争"。在经济发展过程中，人力成本具有刚性，其上升是必然的趋势。对于中等收入国家来说，低成本的优势已经丧失，很难与低收入国家之间竞争。因此，跨越"中等收入陷阱"的唯一途径就是增强科技创新能力，加强尖端技术领域研发，而不是技术创新领域尾随人后、亦步亦趋。世界 5G 领军企业、中国华为集团创始人任正非曾提出技术创新的"无人区"概念，即"无人领航、无既定规则、无人跟上"。2016 年，任正非在全国科技

---

① 数据来源：2019—2021 年历年国家统计局的统计公报。
② "顾炎武陷阱/悖论"（Gu Yanwu Trap）是作者提出的一个概念，意指执政者与民众意愿之间的矛盾关系。

创新大会上讲了一段话："跟着别人跑的'机会主义高速度'，会逐渐慢下来，创立引导理论的责任已经到来。""在华为，谈到创新，我们首先想到的是顶尖人才。我们希望用世界级的难题，吸引世界级的人才，来共同迎接挑战，推动科学和技术上的进步。"正是这种敢为人先、勇于探索技术"无人区"的理念使华为在 5G 领域获得了强大的优势，取得了巨大的成功。华为的成功实则是当代中国成功的缩影。但当前华为面临困境的原因一目了然。美国采取各种手段对华为进行打压，迟滞华为在尖端通信技术领域的发展，实质上就是对中国在不同技术领域的领先优势进行打压遏制，图谋整体性地使中国无法实现在尖端技术领域的突破与壮大，进而落入"中等收入陷阱"。对于美国为首的西方体系的险恶用心，中国共产党领导人的认识是清醒的、深刻的，一方面与时俱进，以变应变；另一方面保持定力，以不变应万变。因此，习近平总书记提出以"创新"为首的新发展理念，积极鼓励支持制造业在核心技术、核心竞争力方面加大投入，继续推进新型工业化战略，将人、财、物聚焦尖端科技领域，无疑是极有远见、极为正确的。所谓"修昔底德陷阱"（Thucydides Trap），是指古希腊历史学家修昔底德在《伯罗奔尼撒战争史》中得出的结论，即"使战争不可避免的真正原因是雅典势力的增长和因而引起斯巴达的恐惧"。美国哈佛大学教授格雷厄姆·艾利森使用"修昔底德陷阱"这个概念，用于指代守成大国和新兴大国之间的关系，即守成大国和新兴大国身陷结构性矛盾，极易发生冲突。2015 年 9 月，习近平总书记在访美期间发表演讲时指出："世界上本无'修昔底德陷阱'，但大国之间一再发生战略误判，就可能自己给自己造成'修昔底德陷阱'。"2017 年 12 月，美国政府出台《国家安全战略报告》，认为"激烈的军事、经济与政治竞争正在全球层面展开"，因此美国"必须动用全部实力与手段参与竞争"。中美两国关系是"百年未有之大变局"的折射，也是中国国力不断上升的真实写照。

所谓"塔西佗陷阱"（Tacitus Trap），源自古罗马历史学家塔西佗在《塔西佗历史》一书中对罗马皇帝迦尔巴的评价："一旦他成了人们憎恨的对象，他做的好事和坏事同样就会引起人们对他的厌恶。"后人将此演绎为政府公信力问题，即一旦失去社会公信力，那么无论它办什么事情或表达什么言论，都不会让人们相信，相反被认为是说假话、做坏事。自党的十八大以来，中国共产党与中国政府在反腐败、脱贫攻坚、疫情防控、精简行政审批、行政公开透明等方面付出的巨大努力、取得的伟大成就，获得了人民的高度认可，政府公信力不断上升。按照全球最大公关咨询公司艾德曼发布的《2022艾德曼信任晴雨表》：2019年中国人对于政府的信任度达到了86%，而同时期的全球平均水平是47%，美国则是40%。新冠疫情后，中国民众对于政府的信任度更是一度达到了98%。2021年中国民众对政府信任度高达91%，同比上升9个百分点，蝉联全球第一，达到10年来的纪录新高。在国家综合信任指数方面，中国高达83%，同比增长11个百分点，位列全球首位。①通过取信于民、为人民谋幸福的实际举动，中国共产党与中国政府已成功跨越了"塔西佗陷阱"。所谓"顾炎武陷阱/悖论"（Gu Yanwu Trap），源自明清时期大哲学家顾炎武《日知录·正始》的话，即"保国者，其君其臣肉食者谋之；保天下者，匹夫之贱与有责焉耳矣"。这句话本意是论证执政者与民众的关系。从"为人民服务"到"以人民为中心"，一代代的中国共产党领导人秉持"为中国人民谋幸福、为中华民族谋复兴"的初心和宗旨，坚持人民至上原则，不断推进国家各项事务的发展，践行"得民心者得天下"的真理。尤其是自2012年习近平总书记提出"精准扶贫"到2021年取得脱贫攻坚战伟大胜利，中国共产党领导人带领全体党员为之付出了巨大的牺牲，最终实现"我

---

① 佚名. 二〇二二全球政府信任度排行榜 中国继续稳居榜首 [N]. 人民日报（海外版），2022-02-11.

国脱贫攻坚战取得了全面胜利，现行标准下9899万农村贫困人口全部脱贫，832个贫困县全部摘帽，12.8万个贫困村全部出列，区域性整体贫困得到解决，完成了消除绝对贫困的艰巨任务，创造了又一个彪炳史册的人间奇迹！"① 中国共产党以"坚持以人民为中心""坚持人民至上"跨越了"顾炎武陷阱"。历史已经证明，在以习近平同志为主要代表的中国共产党人成功跨越了对内部而言的两大"陷阱"，极大地增强了国家的凝聚力与向心力。这是克服一切困难、不断推进社会主义现代化强国建设的根本保障；而对外部而言的两大"陷阱"，在习近平新时代中国特色社会主义思想的指导下，历史终将证明中国共产党和新时代中国特色社会主义具有成功跨越二者的能力、实力与信心。

对于当下的中国，于内，一方面我国社会生产力水平总体上显著提高，国家实力与国际影响力得到了显著提升；另一方面我国社会主要矛盾已经转化为人民日益增长的美好生活需要和不平衡不充分发展之间的矛盾。以习近平同志为主要代表的中国共产党人提出了一系列新理念、新思想、新战略，出台了一系列重大方针政策，解决了许多长期想解决而没有解决的难题，办成了许多过去想办而没有办成的大事。于外，中国仍处于不可多得的、可以大有作为的重要战略机遇期，但也面临着许多前所未有的困难和挑战。尤其是"世界怎么了？应该怎么办？人类向何处去？"——这些尖锐的世界性问题正摆在中国人民和世界人民面前。为解决世界经济、国际安全、全球治理等一系列重大问题，以习近平同志为主要代表的中国共产党人提出了新的方向、新的方案、新的选择。但所有这一切，都必须建立在以习近平新时代中国特色社会主义思想为指导，新发展理念在实践中取得真正意义上积极、重大成功之基础上。

---

① 中央宣传部，中央党史，文献研究院，等. 习近平谈治国理政：第4卷［M］. 北京：外文出版社，2022：125.

新发展理念之首要即为创新。习近平长期以来一直强调核心技术、创新与国家前途的关系。2013 年 9 月，习近平总书记在主持中共中央政治局第九次集体学习时指出，"实施创新驱动发展战略决定着中华民族前途命运。全党全社会都要充分认识科技创新的巨大作用，敏锐把握世界科技创新发展趋势"。① 2014 年 6 月，习近平总书记在中国科学院第十七次院士大会、中国工程院第十二次院士大会上发表讲话，"只有把核心技术掌握在自己手中，才能真正掌握竞争和发展的主动权，才能从根本上保障国家经济安全、国防安全和其他安全。不能总是用别人的昨天来装扮自己的明天。不能总是指望依赖他人的科技成果来提高自己的科技水平，更不能做其他国家的技术附庸，永远跟在别人的后面亦步亦趋。我们没有别的选择，非走自主创新道路不可"。② 2016 年 1 月，习近平总书记指出，"当今世界，经济社会发展越来越依赖理论、制度、科技、文化等领域的创新，国际竞争新优势也越来越体现在创新能力上。谁在创新上先行一步，谁就能拥有引领发展的主动权"。③ 4 月，习近平总书记在网络安全和信息化工作座谈会上强调，"核心技术是国之重器，最关键最核心的技术要立足自主创新、自立自强。市场换不来核心技术，有钱也买不来核心技术，必须靠自己研发、自己发展"。④毫无疑问，创新对于新型工业化目标的实现至关重要。2002 年以来的二十年间，尤其是 2012 年至今，我国新型工业化战略升级的目标十分明确，趋势也非常显著。"创新是一个系统工程，创新链、产业链、资

---

① 佚名. 习近平在中共中央政治局第九次集体学习时强调　敏锐把握世界科技创新发展趋势　切实把创新驱动发展战略实施好 [N]. 人民日报，2013-10-02.

② 中共中央文献研究室. 十八大以来重要文献选编：中 [M]. 北京：中央文献出版社，2016：22.

③ 中央宣传部，中央党史，文献研究院，等. 习近平谈治国理政：第 2 卷 [M]. 北京：外文出版社，2017：203.

④ 雷丽娜. 习近平在网络安全和信息化工作座谈会上的讲话（2016 年 4 月 19 日）[EB/OL]. 新华社，2016-04-25.

金链、政策链相互交织、相互支撑，改革只在一个环节或几个环节搞是不够的，必须全面部署，并坚定不移推进。科技创新、制度创新要协同发挥作用，两个轮子一起转。"① 一方面，新型工业战略升级重点围绕产业与技术领域，不断倡导并重视产业结构优化升级，逐步淘汰低端产业产能，逐步扩大高端产业集群。同时，加快推动重化工业发展，重化工业占比日益提高。重化工业发展往往是进入工业化后期所呈现的特征，这符合西方工业化道路的一般经验。但是，中国新型工业化要探索的是一条有别于西方工业化的道路。新型工业化不是完全抛弃西方工业化的一般经验。换句话说，它既有一般工业化的共性与普遍性，同时也具有中国特色社会主义的特色与特殊性。在新时代背景下，在新一轮技术革命已勃然发生之际，中国创造性地提出了"新基础设施"概念，以加快推动新型工业化与信息化、数字化、智能化相融合。2018 年 12月，中央经济工作会议将 5G、人工智能、工业互联网、物联网定义为"新型基础设施建设"。2020 年 1 月，国务院常务会议确定促进制造业稳增长的措施时，提出了"大力发展先进制造业，出台信息网络等新型基础设施投资支持政策，推进智能、绿色制造"。2018 年 4 月，国家发展和改革委员会对"新型基础设施"的领域做出了明确界定，即包括 5G 基站建设、特高压、城际高速铁路和城市轨道交通、新能源汽车充电桩、大数据中心、人工智能、工业互联网七大领域，涉及诸多产业链，是以新发展为理念，以技术创新为驱动，以信息网络为基础，面向高质量发展需要，提供数字转型、智能升级、融合创新等服务的基础设施体系。② 这七大领域主要涉及三个方面：一是信息基础设施，主要指基于新一代信息技术演化生成的基础设施，如以 5G、物联网、工业互

---

① 中共中央文献研究室. 十八大以来重要文献选编：下 [M]. 北京：中央文献出版社，2018：336.

② 佚名. 新基建，是什么？[J]. 瞭望东方周刊，2020-04-26.

联网、卫星互联网为代表的通信网络基础设施，以人工智能、云计算、区块链等为代表的新技术基础设施，以数据中心、智能计算中心为代表的算力基础设施等。二是融合基础设施，主要指深度应用互联网、大数据、人工智能等技术，支撑传统基础设施转型升级，进而形成的融合基础设施，比如，智能交通基础设施、智慧能源基础设施等。三是创新基础设施，主要指支撑科学研究、技术开发、产品研制的具有公益属性的基础设施，比如，重大科技基础设施、科教基础设施、产业技术创新基础设施等。当然，随着技术革命和产业变革的不断演进，新型基础设施的内涵与外延也将有所伸展。另一方面，新型工业化战略升级聚焦于制度领域的创新。在经济建设取得巨大成功后，加快制度建设、提升制度效能是保障新时代中国特色社会主义经济继续取得巨大成就的必要前提。"要以推动科技创新为核心，引领科技体制及其相关体制深刻变革。要加快建立科技咨询支撑行政决策的科技决策机制，加强科技决策咨询系统，建设高水平科技智库。"① 2019 年 10 月，十九届四中全会审议通过《关于坚持和完善中国特色社会主义制度、推进国家治理体系和治理能力现代化若干重大问题的决定》。公报提出，"着力固根基、扬优势、补短板、强弱项，构建系统完备、科学规范、运行有效的制度体系，加强系统治理、依法治理、综合治理、源头治理，把我国制度优势更好转化为国家治理效能"。② 所谓治理效能，基本是制度效率与人的能力之总和。提出推进国家治理体系和治理能力现代化，就是为了使制度效率、人的能力（尤其是各级领导人的能力）与整个现代化进程相匹配。同理，在产业结构调整优化、技术领域创新突破的同时，新型

---

① 中共中央文献研究室.十八大以来重要文献选编：下［M］.北京：中央文献出版社，2018：337.

② 中共中央党史，文献研究院.十九大以来重要文献选编：中［M］.北京：中央文献出版社，2021：272.

工业化对国家产业制度环境、产业政策引导能力都提出了更高的要求。2015 年 10 月《国务院关于实行市场准入负面清单制度的意见》发布，中国开始探索实践负面清单管理模式。自 2015 年 12 月至 2017 年 12 月，经过两年的实践，在区域试点积累经验的基础上，中国逐步形成全国统一的市场准入负面清单及相应的体制机制。2018 年起，中国正式进入全国统一的市场准入负面清单管理时代。2015 年 5 月国务院印发《中国制造 2025》。这是中国新型工业化的战略性文件，也是实施制造强国战略的第一个十年行动纲领。《中国制造 2025》确立了"一个目标""两化融合""三步走"与"四项原则"等基本内容，即"一个目标"是"从制造业大国向制造业强国转变，最终实现制造业强国"；"两化融合"是指"用信息化和工业化两化深度融合来引领和带动整个制造业的发展"；"三步走"是指"大体上每一步用十年左右的时间来实现我国从制造业大国向制造业强国转变的目标"；"四项原则"是指"第一项原则是市场主导、政府引导。第二项原则是既立足当前，又着眼长远。第三项原则是全面推进、重点突破。第四项原则是自主发展和合作共赢"。《中国制造 2025》在十大重点领域基础上，进一步聚焦轨道交通装备、高端船舶和海洋工程装备、工业机器人、新能源汽车、现代农业机械、高端医疗器械和药品、新材料等市场潜力大、产业基础好且符合产业发展趋势的重点领域。在纲要性文件出台的同时，政府通过加大力度设立先进制造业产业基金、分类制定先进制造业产业政策等方式，从体制机制层面推动创新。"采用产业投资基金的方式，引导社会资本投向，体现了政府治理和经济管理方式的变革。政府和市场一旦形成合力，将为先进制造业发展提供有力的资金保障，有效推动制造业投资结构优化。"①

---

① 我国设立先进制造业产业投资基金 [EB/OL]．中国财政学会网，2021-04-29．

1978 年改革开放至今，中国创造了"经济快速发展"与"社会长期稳定"两大奇迹，用四十多年的时间，使国家经济总量位居世界第二，并即将迈进高收入国家的行列。因此，习近平总书记自豪地说道："当今世界，要说哪个政党、哪个国家、哪个民族能够自信的话，那中国共产党、中华人民共和国、中华民族是最有理由自信的。"① 国务委员兼外交部部长王毅在欧洲智库媒体交流会上发表演讲时也曾说道："中国共产党领导下的中国特色社会主义道路不仅是一条发展的道路、成功的道路，也是一条和平的道路、共赢的道路。我们在加快自身发展的同时，实现了合作伙伴的共同发展。既然方向是正确的，中国为什么要改变?"②

二、制造业高质量发展与新发展格局

2017 年 10 月，中共十九大报告中首次提出"我国经济已由高速增长阶段转向高质量发展阶段"的论断③，并提出建设现代化经济体系"必须坚持质量第一""推动经济质量变革"。由此，高质量发展与现代化关联起来。此后，习近平总书记多次强调"高质量发展"的意义重大。2022 年 10 月，中共二十大报告第四节以"加快构建新发展格局，着力推动高质量发展"为标题，再次体现了以习近平同志为核心的中共中央领导集体对于高质量发展的极端重视。报告明确指出，"高质量发展是全面建设社会主义现代化国家的首要任务。发展是党执政兴国的

---

① 中共中央文献研究室．十八大以来重要文献选编：下 ［M］．北京：中央文献出版社，2018：348.
② 王毅在欧洲智库媒体交流会上发表演讲 ［EB/OL］．新华社，2019-12-17.
③ 中共中央党史，文献研究院．十九大以来重要文献选编：上 ［M］．北京：中央文献出版社，2019：21.

第一要务。没有坚实的物质技术基础，就不可能全面建成社会主义现代化强国。必须完整、准确、全面贯彻新发展理念，坚持社会主义市场经济改革方向，坚持高水平对外开放，加快构建以国内大循环为主体、国内国际双循环相互促进的新发展格局"。① 这一论述非常清晰地表达了高质量发展与新发展理念、新发展格局的关系。作为当前的首要任务，高质量发展着重体现在五个宏观方面，即构建高水平社会主义市场经济体制、建设现代化产业体系、全面推进乡村振兴、促进区域协调发展及推进高水平对外开放。从微观层面上说，高质量发展对所有产业领域都提出了根本且紧迫的要求。

2021 年 3 月，中共中央政治局审议通过《关于新时代推动中部地区高质量发展的指导意见》。2021 年 9 月，国务院批复国家发展改革委、财政部、自然资源部关于推进资源型地区高质量发展"十四五"实施方案。高质量发展进入实质性操作阶段。毫无疑问，高质量发展的核心内容是推动制造业的高质量发展。按照《指导意见》，"着力构建以先进制造业为支撑的现代产业体系"的主要内容包括"做大做强先进制造业""积极承接制造业转移""提高关键领域自主创新能力""推动先进制造业和现代服务业深度融合"四方面。做大做强先进制造业的基本思路是"新""旧"同步进行，即一是打造先进产业集群，建设智能制造、新材料、新能源汽车、电子信息等产业基地；二是深入实施制造业重大技术改造升级，促使传统产业向智能化、绿色化、服务化方向发展。"积极承接制造业转移"是通过由东至中至西的方式，合理调整制造业产业布局，既承接新兴产业的转移，又承接先进制造业产业链关键环节的转移。"提高关键领域自主创新能力"旨在培育一批产业

---

① 习近平. 高举中国特色社会主义伟大旗帜　为全面建设社会主义现代化国家而团结奋斗——在中国共产党第二十次全国代表大会上的报告 [M]. 北京：人民出版社，2022：28.

创新中心和制造业创新中心，进而缩小东中西部地区在尖端技术上的差距，并加快数字化、网络化、智能化技术的广泛应用。"推动先进制造业和现代服务业深度融合"则是通过产业集群（基地）建设工业设计中心和工业互联网平台，促进制造业与服务业通过数字技术深度融合，同时加强新型基础设施建设，发展新一代信息网络。

高质量发展是现阶段发展的主题，也是首要任务。对于外部而言，推进高水平对外开放是以高质量发展为前提，以技术创新引领高端化从而进一步扩大国际市场的占有率。2012 年以来，我国新型工业化迅猛推进，成就举世瞩目，已连续多年保持世界第一工业国地位。许多工业产品产量及产值规模独占全球一半的比重，市场占有率不断提升，轻工业品与机电领域的"MADE IN CHINA"已成为世界各国高度认可的"标签"。在高速增长转向高质量发展要求的推动下，创新驱动发展战略日见成效，我国工业制造业创新水平和能力不断提高。2012 年至2021 年，中国研发经费总额由 1.03 万亿元增加至 2.79 万亿元，增长一倍多，仅次于美国，位居世界第二；研发经费占国内生产总值的比重亦由 2012 年的 1.98% 提升至 2021 年的 2.44%。按照 2021 年世界知识产权组织发布的"全球创新指数"，中国排名跃升至第 12 位，较 2012 年的第 34 位提高 22 个位次。[①] 与此同时，随着欧美先进工业国调整产业策略及其他新兴国家的跟进，国际制造业竞争格局日趋激烈，面临重塑的情况。美英与欧盟诸国重新重视制造业和战略性产业发展，群起实施再工业化战略（且再工业化之重心与我国工业化升级的方向基本一致），并采取政策引发制造业回流。这些先进制造强国利用其垄断性的科技研发优势，再辅之以较为强大的工业基础能力，势必会导致与我国升级后的制造业产业的对抗性竞争；另外，新兴经济体尾随步伐加快，

---

① 付保宗. 新时代赋予新型工业化新内涵、新使命 [J]. 中国发展观察，2022 (5).

其更低的劳动力和要素资源成本也将形成一定的竞争力，并在传统制造业领域对中国形成挤占效应。不言而喻，随着新一轮科技革命和产业变革的兴起与发展，世界产业分工与竞争格局正呈现越来越明显的快速调整趋势。在"我追他赶"的局面下，中国制造业推动自我高质量发展便成了必然选项。对内而言，中国制造业面临的处境较为"尴尬"。一方面制造业产能大规模扩张后，国内现有市场容量基本达到了承接峰值。因此，扩大内需，尤其是扩大农村市场消费，就成为解决产能过剩的重要渠道之一。换句话说，只要扩大内需市场，市场需求存在，低端产能就会存在和延续，这是经济学的基本结论。而这种局面与推进制造业产业升级、淘汰低端产能的趋势和要求相悖；另一方面，传统制造业在国际市场占有率高位基础上再进的难度陡增，并且随着各国经济和收入水平提高，国际市场需求层次也出现不断提升趋向，对产品中高端化、品质化、多样化的要求日益增加。在双重因素的作用下，我国制造业产业结构和需求结构不协调的矛盾也日益显现，即一方面传统工业领域产能过剩问题越来越突出，原本市场容量较大的中低端产品供大于求，因而许多制造业企业只能维持"竞低"状态；另一方面高端产品市场占有率较低足，且因核心部件、核心技术受制于人、无法自给，使原来的市场占有份额被挤占，进而被排挤出"竞高"行列。

2020 年 10 月，中共十九届五中全会提出，"构建以国内大循环为主体、国内国际双循环相互促进的新发展格局，是根据我国发展阶段、环境、条件变化，特别是基于我国比较优势变化，审时度势作出的重大决策"。① 从逻辑上看，推动高质量发展与构建新发展格局，并非先后继起之关系，而是同步相辅之关系。构建新发展格局，利用国内大循环，通过创新驱动发展，进一步积累壮大中国制造业的实力与能力，既

---

① 习近平. 论把握新发展阶段、贯彻新发展理念、构建新发展格局 [M]. 北京：中央文献出版社，2021：10.

能够为国内市场提供高品质、低能耗的产品，更好满足人们的需求，同时也能够为提升国际竞争力打下基础，最终达到"内外双修"之目的。正如习近平总书记所言，构建新发展格局，是基于对中国经济比较优势变化的判断而做出的重大决策，"构建新发展格局最本质的特征是实现高水平的自立自强"①。自从改革开放以来，中国经济经历由进口替代到出口导向的特征演变。2009 年，中国成为全球货物贸易第一大出口国、第二大进口国。2013 年，超越美国成为全球货物贸易第一大国，并维持至今。其中，2006 年中国货物出口占整个国内生产总值的比重达到 35.4%，为历史最高年份。此后，保持逐年下降的趋势。至 2019 年，该比重降至 17.4%。与 2006 年相比，下降 18 个百分点。换句话说，下降的 18 个百分点转为内循环的比重。据此计算，2019 年中国货物产出总量占整个国内生产总值的 82.6% 是在国内市场循环的。也就说，事实上，国内大循环已经是经济主体部分。一般来说，现代制造业只有达到一定规模后，经济效率才能提升。若国内经济体量小，则更多地依赖于国际市场。中国经济在体量不断增大的同时，经济效率也处于不断上升的趋势。从数据上看，2016—2019 年我国经济总量占全球比重由 5.3% 提升至 16.4%，规模扩大至 3 倍左右。同期，人均 GDP 由 2099 美元增加至 10 251 美元。国内循环占国民经济的比重由 2006 年的 64.6% 上升至 2019 年的 82.6%。因此，著名经济学家林毅夫认为，以国内大循环为主体，反映的是我国经济发展的客观事实与基本规律。构建国内大循环为主体，最重要的就是发展经济，提高收入水平。随着经济规模扩大促使服务业占比不断提高，未来中国会像美国一样，国内循

---

① 中央宣传部，中央党史，文献研究院，等．习近平谈治国理政：第 4 卷［M］．北京：外文出版社，2022：177.

环占比逐步发展至超过 90%。①

　　2022 年 11 月 12 日，习近平总书记在一封回信中勉励道："在推动航空科技自立自强上奋勇攀登，在促进航空工业高质量发展上积极作为。"② 站在新的历史方位，处于经济高质量发展阶段，新型工业化需要加快形成以制造业为核心的竞争新优势。新优势的获得，既需要科研人员踔厉奋进、自立自强的精神状态，也需要在制度设计过程中注重发挥体制机制更强创新能力与更高创新效率。20 世纪五六十年代，中国在科技创新、技术研发领域以举全国之人、财、物力的模式取得了辉煌成就。这种"举国体制"有着极高的效率，可以发挥"集中力量办大事"的制度优势，以相对较快的速度实现特定科研领域的重大突破。2006 年，《国家中长期科学和技术发展规划纲要》重新提出"建立科技创新举国体制"。当年的十六个重大专项正是在此基础上获得了成功。2014 年 6 月，习近平总书记在讲话中指出："我国社会主义制度能够集中力量办大事是我们成就事业的重要法宝，我国很多重大科技成果都是依靠这个法宝搞出来的，千万不能丢了！要让市场在资源配置中起决定性作用，同时要更好发挥政府作用，加强统筹协调，大力开展协同创新，集中力量办大事，抓重大、抓尖端、抓基本，形成推进自主创新的强大合力。"③ 2016 年，《"十三五"国家科技创新规划》提出了"探索社会主义市场经济条件下科技创新的新型举国体制"。④ 2019 年 2 月，

① 林毅夫 . 新形势新阶段新格局下我国产业政策导向分析 [J]. 中国服务贸易协会，
　　2022-08-28.
② 习近平回信勉励中国航空工业集团沈飞"罗阳青年突击队"队员 [N]. 人民日报，
　　2022-11-14（1）.
③ 中共中央文献研究室 . 十八大以来重要文献选编：中 [M]. 北京：中央文献出版
　　社，2016：26.
④ 韩昊辰 . 国务院印发《"十三五"国家科技创新规划》[EB/OL]. 新华社，2016-
　　08-08.

习近平总书记在会见探月工程嫦娥四号工作团队时发表讲话："这次嫦娥四号任务，坚持自主创新、协同创新、开放创新，实现人类航天器首次在月球背面巡视探测，率先在月背刻上了中国足迹，是探索建立新型举国体制的又一生动实践。"① 10月，十九届四中全会进一步提出"构建社会主义市场经济条件下关键核心技术攻关新型举国体制"，并将其纳入建设现代化经济体系范畴。2020年3月，习近平总书记在北京考察新冠疫情防控科研攻关工作时，再次提出"完善关键核心技术攻关的新型举国体制"② 要求。可以说，"两弹一星"、载人航天、探月探火等令世界震惊的工程的伟大成就皆出自"举国体制"。在新时代，要实现从"跟跑者""并行者"到"领跑者"的转变，新型举国体制无疑是中国实现科技"跨越式发展"的重要手段。尤其是在战略性新兴产业领域，"能不能把中国的制度优势与市场经济有机结合起来，将直接决定着我们能不能最终取得成功"③。但是，任何创新型体制本身都不可能一成不变，需要按照时代背景与现实情况变化做出适度性的调整。现阶段，科技创新新型举国体制，一方面要充分发挥市场在科技创新资源配置过程中发挥的决定性作用，另一方面还要更好地发挥政府在科技创新资源的统筹、组织、协调等方面的作用，以政府与市场合力之形式，使科技创新主体与产业主体有机结合、高效合作。

从促进制造业高质量发展的层面来说，当务之急是加强关键核心技术攻关，破解被"卡脖子"的状态。针对中国制造业当前面临的技术状况，研究明确"关键核心技术清单"，以"轻重缓急、聚焦重大、紧迫先行"为原则，加强产学研合作与协同，发挥新型举国体制优势，

---

① 习近平在会见探月工程嫦娥四号任务参研参试人员代表时强调　为实现我国探月工程目标乘胜前进　为推动世界航天事业发展继续努力 [N]. 中国日报，2019-02-20.
② 协同推进新冠肺炎防控科研攻关　为打赢疫情防控阻击战提供科技支撑 [EB/OL]. 新华社，2020-03-02.
③ 我国重提科研举国体制　拟实现16个重大项目突破 [EB/OL]. 新华网，2010-06-02.

实施关键核心技术攻坚，由点到面逐一突破"卡脖子"的困境。其次是从长远进行规划，加大在基础理论研究、应用基础研究领域的投入，逐步提高基础研究占全社会研发投入的比重。鼓励各类机构、企业、个人进行自下而上的科技创新与探索，从政策与经费上给予规范的、长期的支持。再次是对体制机制进行全面的清理，淘汰不合理的制度，创新实施机制和组织模式，高度重视制度转化能力与效率，并促进科技创新由量到质的转变。近几年，政府通过产业引导基金形式不断加大新兴产业与先进制造业的扶持力度。数据显示，截至2020年年底，国内已设立1851支政府引导产业基金，其中，政府引导产业基金有1134支，占比61%。2020年新增设立的政府引导基金103支，其中产业基金有91支，占比88%。国内政府引导基金目标规模达11.53万亿人民币，其中，政府引导产业基金约7.84万亿元，占比68%。其中，2020年新增设立的政府引导基金目标规模为5164.24亿元，其中产业基金目标规模有4356.07亿元，占比84%。[①]

新型工业化既受益于新发展格局的构建，也可以为加快构建新发展格局贡献应有之力。一方面，共同富裕是实现社会主义现代化的本质要求。在构建新发展格局中，新型工业化有助于实现更加充分、更高质量的就业，可以为更多人创造致富机会，在使居民收入水平稳步增长的同时，促进劳动者素质不断提升，形成产业带动人才、人才促进产业的协同互益新局面。可以说，新型工业化通过不断做大"蛋糕"、更好切分"蛋糕"的方式，进而能够为实现共同富裕发挥现实作用。另一方面，在构建新发展格局的过程中，通过实施扩大内需战略，并结合供给侧结构性改革深化，既能够增强国内大循环内生动力和可靠性，又能够提升国际循环的质量与层次。国内国际良性双循环有助于加快建设现代化经

---

① 数据来源：《中国产业投资基金行业市场前瞻与投资战略规划分析报告》2020年。

济体系，提高全要素生产率，提升产业链供应链韧性和安全水平，在推进城乡融合和区域协调发展的基础上，进而实现整个经济发展在质与量上的有效提升与合理增长。这个过程，又可以有效地促进新型工业化持续高质量发展。处于高质量发展阶段，要求在较高的基础上实现更高质量、更加平衡、更加开放、更为包容、更加公平、更可持续的发展，这就需要进一步解放和发展社会生产力，激发全社会的创造力和活力，并且还需要客观、准确、具有前瞻性地判断科技发展的主流与趋势。习近平总书记言道：

"科学技术是世界性、时代性的，发展科学技术必须具有全球视野、把握时代脉搏。当今世界，新一轮科技革命蓄势待发，物质结构、宇宙演化、生命起源、意识本质等一些重大科学问题的原创性突破正在开辟新前沿、新方向，一些重大颠覆性技术创新正在创造新产业、新业态，信息技术、生物技术、制造技术、新材料技术、新能源技术广泛渗透到几乎所有领域，带动了以绿色、智能、泛在为特征的群体性重大技术变革，大数据、云计算、移动互联网等新一代信息技术同机器人和智能制造技术相互融合步伐加快，科技创新链条更加灵巧，技术更新和成果转化更加快捷，产业更新换代不断加快，使社会生产和消费从工业化向自动化、智能化转变，社会生产力将再次大提高，劳动生产率将再次大飞跃。"①

实现制造业高质量发展是新型工业化的基本内容，也是有别于传统工业化的内在要求。绿色、数字、智能等新元素赋予新型工业化、制造

---

① 中共中央文献研究室. 十八大以来重要文献选编：下 [M]. 北京：中央文献出版社，2018：332.

业高质量发展以新内涵、新特征。正值全面建设社会主义现代化国家、向实现第二个百年奋斗目标奋进之际，全球范围内基于新一代信息技术的变革正在广泛影响着世界各国关于经济社会发展的思维模式与竞争态势。随着人工智能、大数据、云计算、物联网、区块链等技术的不断突破，为加速提升产业效率，获取竞争优势与新产业制高点，世界各工业强国纷纷在数字化领域下足了功夫。一些新概念应运而生，2012 年美国工业企业创造了"工业互联网"概念，并做出判断：至 2025 年，全球八成以上的制造业将被物联网所覆盖，潜在市值约在 9000 亿至 2.3 万亿美元。① 2013 年德国政府在汉诺威工业博览会上提出"工业 4.0 战略"，认为"工业 4.0 是利用信息化技术促进产业变革的时代"，核心目的是提高德国工业的竞争力；2016 年，日本发布工业价值链参考框架 IVRA，目的是建立制造优势的智能工厂互联互通的基本模式。这些概念均与数字化密切相关。随着全球经济数字化特征越来越明显，数字化领域的产值规模也越来越大。按照世界知识产权组织的数据，2000 年至 2020 年，世界数字化创新成果翻了两番，年均增长 13%。2020 年数字化领域的专利申请占世界专利申请总量的 12%。作为具有海量数据资源的大国，这一新要素对中国经济发展的作用正日益显著。在传统产业和数字技术双向互动的融合下，数字经济在中国得到蓬勃发展并创造了巨大的市场容量。2020 年，我国数字经济核心产业增加值占国内生产总值（GDP）比重达 7.8%。② 可想而知，未来数字化趋势将成为推动中国特色新型工业化、制造业高质量发展的主要动力。

---

① 张志昌，陈志. 美国"工业互联网"的发展及对我国的启示 [EB/OL]. 中国轻工业网，2021-12-08.

② 付保宗. 新时代赋予新型工业化新内涵、新使命 [J]. 中国发展观察，2022 (5).

三、基本实现新型工业化与基本实现现代化

2020 年 10 月，中共十九届五中全会审议通过的《中共中央关于制定国民经济和社会发展第十四个五年规划和二〇三五年远景目标的建议》，提出到二〇三五年基本实现社会主义现代化远景目标，"即到二〇三五年基本实现社会主义现代化，到 21 世纪中叶把我国建成富强民主文明和谐美丽的社会主义现代化强国。展望二〇三五年，我国经济实力、科技实力、综合国力将大幅跃升，经济总量和城乡居民人均收入将再迈上新的大台阶，关键的核心技术实现重大突破，然后进入创新型国家前列；基本实现新型工业化、信息化、城镇化、农业现代化，建成现代化经济体系"①。2022 年 10 月，中共二十大再次确认了这一宏伟目标，并提出"全面建成社会主义现代化强国，总的战略安排是分两步走"，即第一步"从二〇二〇年到二〇三五年基本实现社会主义现代化"；第二步"从二〇三五年到本世纪中叶把我国建成富强民主文明和谐美丽的社会主义现代化强国"。关于战略第一步实现的基本状态是"到二〇三五年，我国发展的总体目标是：经济实力、科技实力、综合国力大幅跃升，人均国内生产总值迈上新的大台阶，达到中等发达国家水平；实现高水平科技自立自强，进入创新型国家前列；建成现代化经济体系，形成新发展格局，基本实现新型工业化、信息化、城镇化、农业现代化"。关于战略第二步的状态与目标是"在基本实现现代化的基础上，我们要继续奋斗，到 21 世纪中叶，把我国建设成为综合国力和

① 中共中央党史，文献研究院. 十九大以来重要文献选编：中［M］. 北京：中央文献出版社，2020：789.

国际影响力领先的社会主义现代化强国"。① 时隔两年，二次意义重大会议的文本表述内容大体相近，但又存在着明显的不同。按照十九届五中全会的表述，2035 年是一个时间节点，在这个时间节点上，"基本实现社会主义现代化"的内容包括"基本实现新型工业化、信息化、城镇化、农业现代化"。按照中共二十大报告的表述，2020 年至 2035 年是一个时段，也就是战略第一步，在这个时段内"基本实现社会主义现代化"。换句话说，社会主义现代化将在时段内实现而不是确定在时间点上。这是中国共产党领导人对"基本实现现代化"的认识的进一步深入。现代化进程本身就是一个动态概念，以时段而不是时点来描述"基本实现现代化"显得更为合理、准确，并且与国家发展的可能趋势更为匹配。"基本实现新型工业化、信息化、城镇化、农业现代化"则依然表述为 2035 年时点上的状态。前后两次表述的不同，实则还体现了两个层面的含义：一是在中国共产党的领导下，中国特色社会主义道路已经被历史与现实证明是正确的。中国经济能够按照既定目标持续健康稳定发展的趋势是明确的，也是必然的。二是在技术创新与进步日新月异的状况下，对中国经济高质量发展的前景预见又存在某种弹性或者余地。也就是说，社会主义现代化有可能提前基本实现。当然，这种余地或者预判是建立在外部形势变化及与创新驱动发展所取得的现实效果基础上的。从外部环境上来说，二十大的文本表述是基于当前较为恶劣的前提而设定的时间表，但如果外部环境是基于中国自身的实力而向好，那么由此带来的外推力将对社会主义现代化基本实现起到促进与加速的作用。从创新驱动的效果来看，技术创新对经济发展往往具有级数效应。一旦中国在关键核心技术领域取得重大突破，那么，由此而产生

---

① 习近平. 高举中国特色社会主义伟大旗帜　为全面建设社会主义现代化国家而团结奋斗——在中国共产党第二十次全国代表大会上的报告 [M]. 北京：人民出版社，2022：24-25.

的连锁反应将产生巨大的内推力。

基本实现新型工业化、信息化、城镇化和农业现代化，既是社会主义现代化基本实现的内容构成，又是基本实现社会主义现代化的路径组合，也是全面建设社会主义现代化的重要战略部署。到 2035 年"基本实现新型工业化、信息化、城镇化、农业现代化"，这是中共十九届五中全会与中共二十大报告中高度一致的表述。新型工业化、信息化、城镇化、农业现代化同步发展、同步实现充分体现出了四者之间存在密切关系。2012 年，中共十八大报告指出，"推动信息化和工业化深度融合、工业化和城镇化良性互动、城镇化和农业现代化相互协调"①。这一表述反映了两两相互的直接关系以及四者之间的逻辑关系。十年后，工业化、信息化、城镇化与农业现代化的关系因时代进步与经济、科技发展变得更加交织，彼此之间显示出了明确的交互关系。譬如，工业化与信息化的融合是明显的，但是信息化对城镇化、农业现代化也产生着直接影响。工业化对农业现代化的促进作用是巨大的，反过来，农业现代化也对工业化提出了更高的要求。农业现代化对城镇化有极大的促进作用，对信息化也有巨大需求。十八大后，中共中央总书记习近平多次讲话皆聚焦于四者的"同步发展"。至十九届五中全会、中共二十大，报告表述为四者同步"基本实现"。

建成现代化经济体系，新型工业化、信息化、城镇化、农业现代化同步基本实现，是基本实现社会主义现代化的必然要求与内容体现。从新型工业化与信息化的关系来说，新型工业化的内涵，除了道路、模式与旧的有别之外，还在于所处的时代背景有别于以往。当下，以信息技术为核心的科技革命正对各种产业造成重大影响，并推动世界经济与社会形态的急速变化。信息化如月光泻地一般，这是新型工业化所处时代

---

① 中共中央文献研究室．十八大以来重要文献选编：上［M］．北京：中央文献出版社，2014：16.

的一个明显的背景特征。同时，信息化技术是一种手段，若脱离相关产业就不可能发挥作用。正是由于这种千丝万缕的关系，使得新型工业化与信息化密不可分。一般来说，尖端技术创新突破的难度较大，且需要持续发力；一旦突破成功了，将会产生重大影响，带来巨大经济效益与社会效益。因此，加快高新技术研发，既需要强大的资金投入，也需要高效的成果产业化的转化机制。目前，中国正从两个方面加大力度推动科技创新。一方面是瞄准尖端技术领域的核心，即将信息技术、生物技术、新材料技术三大领域作为主要突破点，通过对人才、技术、资本、市场的高效融合，以信息化、数字化和智能化为目标，增强原发性技术创新能力、新技术与产业融合能力；另一方面，加快利用高新技术和信息技术对传统产业进行改造升级。这种双轨推进的战略，对进一步增强我国的综合国力有着重大的现实意义。从现状看，我国传统产业在生产方式上比较落后，自动化程度不高，资源利用率低，基础设施建设滞后，但是传统产业占国民经济的比重依然很大，且这些产业解决了大量的人口就业问题，因此，对传统产业进行结构优化升级、技术改造，使"旧"（传统工业）变"新"（新型工业）是实现我国工业现代化的必然要求，并且还"需要认识到的是，新型工业化发展并非工业领域的单打独斗，而是一个庞大复杂的系统工程，涉及国家经济、国防、科技、教育发展的方方面面"①。

从新型工业化与农业现代化的关系来说，前者对于后者的促进作用是直接且显著的。农业现代化与工业化、信息化、城镇化相比，是当前我国社会主义现代化进程中最明显的短板。这也就意味着，相对而言，到 2035 年基本实现农业现代化的难度最大。一方面，当前我国农业机械化、电气化、信息化水平依然较低，农业产业化规模与产业结构都有

---

① 史丹. 新发展阶段走好新型工业化之路［EB/OL］. 中国经济网，2021-04-10.

待提升。这些问题都需要通过加快推进农业现代化解决。另一方面，农业总体发展水平不高，农业产业结构性失衡明显，农业发展方式依然粗放，未能与我国工业化总体发展水平匹配；农业现代化程度与信息化、城镇化不协调。2020年10月，十九届五中全会报告单列第七章"优先发展农业农村，全面推进乡村振兴"，凸显了中国共产党对农业农村的高度重视。报告指出，"坚持把解决好'三农'问题作为全党工作重中之重，走中国特色社会主义乡村振兴道路，全面实施乡村振兴战略，强化以工补农、以城带乡，推动形成工农互促、城乡互补、协调发展、共同繁荣的新型工农城乡关系，加快农业农村现代化"。① 这个纲领性文件提出了构建新型工农城乡关系，为推动农业现代化指明了方向与路径。客观上说，提升农业现代化水平，需要以工业化发展和现代化技术为依托，在提升农业生产力与提高农村生活水平的同时，通过城镇化吸收解决农业剩余劳动力就业问题。反过来，提升农业现代化水平有助于进一步释放农村劳动力，进而为促进工业化和城镇化的发展提供充足的人力资源。

纵观工农与城乡关系的历史，自新中国成立以来，农业与农村为中国的工业化与城市发展做出了巨大的牺牲，也做出过巨大的贡献。自改革开放到21世纪初，在中国工业化取得举世瞩目成就、国家经济实力不断增强、城市富裕群体规模不断扩大的同时，"三农问题"却越来越严重。一方面，城市与农村之间的差距日益扩大，农村的社会福利条件与各项基础设施大大落后于城市。另一方面，在农村内部，农民之间分化趋势进一步加快。一部分富裕农民转换身份成了私营企业家或者商人，并且积累了大量的财富与资源。而大部分贫困的农民则成了城乡工商业的雇用劳动力（农民工）。由于农村主体地位丧失，这部分人逐步

---

① 中共中央党史，文献研究院．十九大以来重要文献选编：中［M］．北京：中央文献出版社，2021：801.

沦为社会的弱势群体。有人将当时的农村、农民与农业状态概括为"农村真穷，农民真苦，农业真危险"。20世纪90年代中后期，"三农"问题引发社会各界的大量关注。进入21世纪，中国农村与城市的差距进一步扩大。按照2002年教育部的预算统计数据，当年国家教育支出与社会保障支出占国内生产总值的比重分别为2.8%和3.4%，其中用于农村小学和初中的只占30%；城市人口中，大专和本科学历比例明显高于农村。另据卫健委调查，全国卫生资源80%集中于城市，其中2/3集中在大医院。用于农村卫生经费的比例，1991年为20%，而到2000年则下降为10%，农民人均卫生业务费为12元，仅为城市居民的28%。2003年每千人医师数，农村为0.68人，城市为1.76人。① 2003年1月8日，中共中央召开中央农村工作会议。这次会议将"三农"问题提到了前所未有的高度。胡锦涛指出，"把解决农业、农村和农民问题作为全党工作的重中之重""实现全面建设小康社会的宏伟目标，最繁重、最艰巨的任务在农村""更多地关注农村，关心农民，支持农业。"② 温家宝也强调："农业发展越来越受到资源和市场的双重约束，结构性矛盾和农民增收困难的问题越来越突出。……提出要把增加农民收入作为中心任务和基本目标，摆在经济工作的突出位置。"③ 2003年10月，十六届三中全会提出"城乡统筹、以工支农"的方针。"十一五"规划进一步明确，农村发展和改革已进入新的阶段，必须按照统筹城乡发展的要求，贯彻工业反哺农业、城市支持农村的方针，坚持"多予少取放活"，各级政府对农业和农村增加投入的力度，扩大公共财政覆盖农村的范围，强化政府对农村的公共服务，建立以工促农、以城带乡的长效

---

① 全国政协社会和法制委员会，中国社会科学院．统筹经济社会发展研讨会论文汇编 [M]．北京：内部出版，2005：60．

② 中共中央文献研究室．十六大以来重要文献选编：上 [M]．北京：中央文献出版社，2011：112-113．

③ 温家宝．为推进农村小康建设而奋斗 [N]．人民日报，2003-02-08（2）．

机制，推进社会主义新农村建设。"工业反哺农业、城市带动乡村"的提出是中国特色社会主义经济建设过程中的一个历史性转变。2005 年12 月，十届全国人大常委会第十九次会议高票通过决定，自 2006 年 1月 1 日起废止《农业税条例》，中国延续了 2600 多年的"皇粮国税"终结。中共十八大之后，中共中央总书记习近平更加高度关注"三农"问题，尤其是在农村贫困问题上。自 2013 年 11 月习近平总书记在湖南湘西考察时首次提出"精准扶贫"，至 2021 年 2 月习近平总书记在全国脱贫攻坚总结表彰大会上庄严宣告"我国脱贫攻坚战取得了全面胜利"，中国共产党上下在为期不到八年的时间内为解决农村贫困问题付出了巨大的心血与努力，最终取得了彪炳史册的成就。2021 年 9 月与2022 年 9 月，习近平总书记在向第四、第五个"中国农民丰收节"致贺词中分别说道："坚持农业农村优先发展，加快农业农村现代化，让广大农民生活芝麻开花节节高。""各级党委和政府要深入贯彻党中央关于'三农'工作的大政方针和决策部署，强化粮食安全保障，稳住农业基本盘，巩固拓展好脱贫攻坚成果，扎实推进乡村振兴，推动实现农村更富裕、生活更幸福、乡村更美丽。"①

　　从新型工业化与城镇化的关系来看，特别是党的十八大以来，随着工业化程度不断加深，我国城市发展方式加快转变、发展质量显著提高，城市功能不断完善，人居环境显著改善，治理水平明显提高。2021年，我国常住人口城镇化率为 64.72%，比 1978 年上升 46.8 个百分点，比 2012 年提高了 12.1 个百分点，比 2015 年提高了 8.6 个百分点。城市燃气普及率 98.0%，供水普及率 99.4%，城市建成区绿地率 38.7%，人均公园绿地面积 14.87 平方米。② 但是，客观上说，以人为核心的新型

---

① 习言道 | 让广大农民生活芝麻开花节节高 [EB/OL]. 光明网，2022-09-23.

② 住建部：2021 年我国常住人口城镇化率达到 64.72% [EB/OL]. 中国新闻网，2022-09-14.

城镇化质量依然有待提升，城镇化与新型工业化的良性互动尚不充分，信息化在城镇发展过程中尚未形成充分助力。尤其是在人口规模较小的城镇，农业转移人口的市民化水平不高，未能享受到平等的市民权利；在大中小城市网络建设方面力度不强，没有充分发挥城镇在产业发展、公共服务、吸纳就业、人口集聚等方面的功能。很显然，加快促进城乡区域协调发展、加快推进城乡发展一体化是解决"三农"问题切实有效的途径。只有加大统筹城乡发展力度，促进城乡共同繁荣，加大强农惠农富农政策力度，才能让广大农村与农民平等参与现代化进程、共同分享现代化成果。只有加快发展现代农业，增强农业综合生产能力，着力促进农民增收，保持农民收入持续较快增长，深入推进新农村建设，才能全面改善农村生产生活条件。总之，只有"农村更富裕、生活更幸福、乡村更美丽"，才能"让农村成为引人入胜的天地、农业成为令人向往的产业、农民成为令人羡慕的职业"①。

按照现代化理论的一般经验，现代化过程实质是工业化与城镇化良性互动发展的过程。一方面，工业化是城镇化的经济基础和内生动力；另一方面，城镇是工业经济要素的集聚场所和产品消费市场。② 这两方面相辅相成，相互支持、相互促进。工业化过程开展后，资本与技术等要素开始聚集，工业化所需的劳动力逐步从远近的农村向城镇集聚，进而导致城镇规模逐步扩张，城镇化进程也因之开展。不断加快的城镇化进程反推工业化进程提速。由此可见，工业化进程包含生产组织方式升级、经济规模扩大、人均收入提高及经济结构转变等方面的内容。在当前背景下，信息技术突破性发展是最显著的趋势，因此，信息化既成为

---

① 中共中央、国务院关于深入推进农业供给侧结构性改革加快培育农业农村发展新动能的若干意见［EB/OL］. 新华社，2017-02-05.

② 黄群慧. 推进"新四化"同步实现 建成现代化经济体系［N］. 光明日报，2020-11-24（11）.

现代化的主要特征，也成为现代化的重大背景。一如前述，信息化首先应用于工业化，并促使二者深度融合。工业化融合信息化导致工业化特征出现新变化、新趋势，进而又逐步影响并改变城镇化的内涵和要求。以信息化为显著特征的工业化在与城镇化的互动发展过程中，将信息化的特征与内容也传递给了农业现代化。随着信息化特征被传递到农业，农业现代化程度不断提升，农业生产效率得到极大提高，进而又引发了农业人口向城镇集聚，并最终形成以信息化为特质的四者交互促进的格局。易言之，信息化和工业化深度融合、工业化和城镇化良性互动、城镇化和农业现代化相互协调，实质上就是信息化赋予的过程。在中国特色社会主义新时代，这个过程同样也在推进。因此，当代现代化进程的内在逻辑和基本特征必然要求工业化、信息化、城镇化和农业现代化同步发展。

自 2012 年以来，习近平总书记多次强调"推进新型工业化、信息化、城镇化和农业现代化同步发展"，至 2017 年中共十九大，习近平总书记在做出从高速增长转向高质量发展阶段的重大判断的基础上，再次强调推进新型工业化、信息化、城镇化和农业现代化同步发展。这一判断正是基于对现代化经验共性与时代特征的把握。也正是基于这一重大判断，新型工业化、信息化、城镇化和农业现代化同步发展与高质量发展就形成了相互要求、相互评价的关系。从本质上说，实现经济高质量发展必须以新发展理念为指引，以创新为第一动力，以内生协调、包容共享、绿色可持续为经济增长的基本特征。强调新型工业化、信息化、城镇化和农业现代化同步发展，这是新发展理念的根本要求，也是新发展理念的实践内容，更是有别于传统工业化模式的特质体现。在强调科技创新是实现现代化第一驱动力的基础上，既准确把握当前现代化进程的信息化、绿色化、泛在化等主流方向，同时又客观清醒地认识到我国现代化进程中面临的发展不平衡不充分问题，有助于在基本实现社会主义现代化过程中更好地获得并巩固先发优势、深入发掘传统优势潜力，进而更好地实现产业、区域、城乡之间以及人与自然之间的协调发展。由此可见，自十八大以来，积极推进新型工业化战略，实现信息化和工业化深度融合、工业化和城镇化良性互动、城镇化和农业现代化相互协调，是建设现代化经济体系、实现高质量发展的基本要求，也是到2035年基本实现社会主义现代化目标的根本保障。从十九大、十九届五中全会到二十大，中共中央接连做出战略部署，为基本实现现代化和基本实现新型工业化设定了时间表。十九大报告提出"推进新型工业化、信息化、城镇化、农业现代化同步发展"，同时也提出"建设现代化经济体系是我国发展的战略目标"。以此为基础，十九届五中全会进一步提出到2035年中国将"基本实现新型工业化、信息化、城镇化、农业现代化，建成现代化经济体系"。新近的二十大报告的表述有别于此前的，提出"从2020年到2035年基本实现社会主义现代化"，到2035年"基本实现新型工业化、信息化、城镇化、农业现代化"，并将"建成现代化经济体系，形成新发展格局"置于"基本实现新型工业化、信息化、城镇化、农业现代化"之前。从逻辑上说，社会主义现代化国家必定是以现代化经济体系为特征的。建成现代化经济体系是实现社会主义现代化的必要标志。"现代化经济体系既包括创新引领、发展协同的现代产业体系，也包括彰显优势、协调联动的城乡区域发展体系。"① 现代产业体系与区域发展体系的建成依赖于新型工业化、信息化、城镇化、农业现代化的实现，二者互为因果。当前，我国正处于"十四五"规划开启全面建设社会主义现代化新征程的历史性阶段。在习近平新时代中国特色社会主义思想的指导下，在中国共产党的坚强领导下，基本实现新型工业化与基本实现现代化这两个目标可谓是"任重而道不远"。

---

① 黄群慧. 推进"新四化"同步实现　建成现代化经济体系［N］. 光明日报，2020-11-24（11）.

四、中国式现代化与百年强国夙愿的实现

1921 年，中国共产党诞生后，一个伟大的梦想开始逐步形成，即推动工业化，实现国家的富强。20 世纪五六十年代，执政后的中国共产党带领中国人民开始为这个伟大梦想而进行努力奋斗、艰苦探索。1953 年 6 月，中共中央提出了过渡时期总路线，要求在一个相当长的时期内基本实现国家工业化和对农业、手工业、资本主义工商业的社会主义改造。1954 年 9 月，在一届全国人大一次会议上，周恩来在《政府工作报告》中提出，"建设起强大的现代化的工业、现代化的农业、现代化的交通运输业和现代化的国防"。① 1964 年 12 月在三届全国人大一次会议上，周恩来郑重宣布："在不太长的历史时期内，把我国建设成为一个具有现代农业、现代工业、现代国防和现代科学技术的社会主义强国，赶上和超过世界先进水平"，"全面实现农业、工业、国防和科学技术的现代化，使我国经济走在世界的前列"。② 自此，这个伟大的梦想正式确立为"实现四个现代化"，并与建设成为社会主义强国紧密联系在一起。1975 年初，虽然举国上下正在经历"文化大革命"的动荡，但是四届全国人大一次会议重申实现现代化的"两步走"战略，使广大干部群众重新点燃了他们心中伟大梦想的希望。

改革开放伊始，在重新启动国家工业化的同时，"四个现代化"再次成为中国共产党及其领导人奋斗的目标。1979 年 12 月，邓小平在与日本首相大平正芳谈话时说道："我们要实现的四个现代化，是中国式

① 中共中央党史研究室 . 中国共产党历史：第二卷（1949—1978）（上）［M］. 北京：中共党史出版社，2011：250.

② 周恩来 . 周恩来选集：下［M］. 北京：人民出版社，1984：439.

的四个现代化。我们的四个现代化的概念，不是像你们那样的现代化的概念，而是'小康之家'。"① 这是邓小平对"四个现代化"定义用了一个中国式概念做出的解释。"小康"一词出自中国传统典籍，如《诗经·大雅·民劳》说，"民亦劳止，汔可小康"；《礼记·礼运》说，"如有不由此者，在执者去，众以为殃，是谓小康"。其大意皆表达为国家社会逐渐安定，人民生活安乐，但尚未达到天下太平的状态。就社会完美程度而言，"小康"的更高级状态是"大同"。1984 年 6 月，邓小平会见日本代表团时将"小康"按西方发展经济学评价标准做了一个界定，"所谓小康，从国民生产总值来说，就是年人均达到八百美元"。② 1987 年 4 月，邓小平会见西班牙工人社会党副总书记、政府副首相格拉，在谈话中第一次明确提出现代化"三步走"战略，即"党的十一届三中全会以后，我国经济建设的战略部署大体分三步走。第一步，实现国民生产总值比一九八〇年翻一番，解决人民的温饱问题。这个任务已经基本实现。第二步，到本世纪末，使国民生产总值再增长一倍，人民生活达到小康水平。第三步，到下个世纪中叶，人均国民生产总值达到中等发达国家水平，人民生活比较富裕，基本实现现代化"③。这一战略明确了发展目标、实现状态以及时间表。自此，中国共产党与中国人民持续为之奋斗的伟大梦想逐步转化为现实状态。

进入新世纪，中国共产党的领导人对小康社会的理解更加全面，"小康社会"不再单纯用经济指标来衡量，而是对经济与社会发展状态的全面评价。2002 年 11 月，中共十六大报告《全面建设小康社会 开创中国特色社会主义事业新局面》明确提出："我们要在本世纪头二十

---

① 邓小平. 邓小平文选：第 2 卷［M］. 北京：人民出版社，1994：237.
② 邓小平. 邓小平文选：第 3 卷［M］. 北京：人民出版社，1993：64.
③ 中共中央文献研究室. 十三大以来重要文献选编：上［M］. 北京：人民出版社，1991：16.

年，集中力量，全面建设惠及十几亿人口的更高水平的小康社会，使经济更加发展、民主更加健全、科教更加进步、文化更加繁荣、社会更加和谐、人民生活更加殷实。"① 2012 年中共十八大后，中国开启了从全面建设小康社会到全面建成小康社会的历史性步伐。2017 年 10 月中共十九大上，习近平总书记做了题为《决胜全面建成小康社会 夺取新时代中国特色社会主义伟大胜利》的报告。在综合分析国际国内形势和我国现实发展水平的基础上，习近平总书记指出，"从十九大到二十大，是'两个一百年'奋斗目标的历史交汇期。我们既要全面建成小康社会、实现第一个百年奋斗目标，又要乘势而上开启全面建设社会主义现代化国家新征程，向第二个百年奋斗目标进军"。在决胜全面建成小康社会任务完成之际，2020 年到本世纪中叶分两个阶段来安排，即"第一个阶段，从二〇二〇年到二〇三五年，在全面建成小康社会的基础上，再奋斗十五年，基本实现社会主义现代化"；"第二个阶段，从二〇三五年到本世纪中叶，在基本实现现代化的基础上，再奋斗十五年，把我国建成富强民主文明和谐美丽的社会主义现代化强国"。② 在中国特色社会主义进入新时代后，中国共产党人用第一个十五年基本实现现代化，用第二个十五年全面建成社会主义现代化强国。这一战略部署是对毛泽东时代、邓小平时代现代化战略部署的延续，也标志中国人民百年来的伟大梦想即将成为现实。正如习近平总书记所言，"从第一个五年计划到第十四个五年规划，一以贯之的主题是把我国建设成为社会主义现代化国家。"③ 2021 年 7 月 1 日，在庆祝中国共产党成立 100 周年大会上，习近平总书记向世界庄严宣告，"经过全党全国各族人民

---

① 江泽民．江泽民文选：第 3 卷［M］．北京：人民出版社，2006：543．
② 中共中央党史，文献研究院．十九大以来重要文献选编：上［M］．北京：中央文献出版社，2019：20．
③ 习近平．论把握新发展阶段、贯彻新发展理念、构建新发展格局［M］．北京：中央文献出版社，2021：8．

持续奋斗，我们实现了第一个百年奋斗目标，在中华大地上全面建成了小康社会，历史性地解决了绝对贫困问题，正在意气风发向着全面建成社会主义现代化强国的第二个百年奋斗目标迈进"。① 从邓小平提出建设小康社会，到习近平宣告全面建成小康社会，历时 42 年。在中国共产党建党百年之时，小康社会的全面建成充分展示了中国共产党人的伟大斗志、坚定决心与非凡能力。全面建成小康社会是中国式现代化进程的伟大"段落"，与接下来要谱写的全面建成社会主义现代化强国进程，共同构成了百年强国夙愿得以实现的光辉篇章。

中国式现代化是实现百年强国夙愿的必由之路。建成社会主义现代化强国，有赖于中国式现代化取得成果。中国式现代化，既是中国共产党领导人对于现代化进程在认识与理解上的深入，也是对西方发展经济学现代化理论的创新，同时又是对新型现代化道路的实践性开创。1983年 6 月，邓小平在会见参加北京科学技术政策讨论会的外籍专家时明确提出了"中国式现代化"这一概念。他表示，"我们的现代化，是中国式的现代化，我们建设的社会主义，是有中国特色的社会主义。我们主要是根据自己的实际情况和自己的条件，以自力更生为主。"② 邓小平关于"中国式现代化"的认识是建立在将现代化的一般经验与中国性质、独特国情相结合的基础上，并且集中体现了中国共产党领导人的制度自信、道路自信。中国式现代化的内涵，既强调改革进程是稳健的、渐进的，又强调改革道路是独立自主的、有中国特色的。此后，中国式现代化以借鉴西方现代化一般经验与"摸着石头过河"探索中国特色相结合，按照既定目标不断开拓前行。2020 年 10 月，习近平总书记在十九届五中全会第二次全体会议上明确指出，"我国建设社会主义现代

① 中央宣传部，中央党史，文献研究院，等. 习近平谈治国理政：第 4 卷［M］. 北京：外文出版社，2022：17.

② 邓小平. 邓小平文选：第 3 卷［M］. 北京：人民出版社，1993：29.

化具有许多重要特征。世界上既不存在定于一尊的现代化模式，也不存在放之四海而皆准的现代化标准。……我们所推进的现代化，既有各国现代化的共同特征，更有基于国情的中国特色"。"实践表明，中国式现代化既切合中国实际，体现了社会主义建设规律，也体现了人类社会发展规律。我国要坚定不移推进中国式现代化，以中国式现代化全面推进中华民族伟大复兴，不断为人类作出新的更大贡献。"[1] 同时，习近平总书记从特征、原因、目标及意义等角度，对中国式现代化做了更加全面而又系统深入的阐释。这是对西方现代化理论的扬弃，也标志中国式现代化理论的正式确立。2022 年 10 月，在中共二十大报告中，习近平总书记再次充分地阐述了中国式现代化的理论与实践意义。他指出："在新中国成立特别是改革开放以来长期探索和实践基础上，经过十八大以来理论和实践上的创新突破，我们党成功推进和拓展了中国式现代化。""中国式现代化，是中国共产党领导的社会主义现代化，既有各国现代化的共同特征，更有基于自己国情的中国特色。"他进一步阐述中国式现代化的五大特征。这些特征既是从中国式现代化进程的实践中总结出来的，也会对后进国家推动现代化进程产生强大、有效的借鉴作用。

"——中国式现代化是人口规模巨大的现代化。我国十四亿多人口整体迈进现代化社会，规模超过现有发达国家人口的总和，艰巨性和复杂性前所未有，发展途径和推进方式也必然具有自己的特点。我们始终从国情出发想问题、作决策、办事情，既不好高骛远，也不因循守旧，保持历史耐心，坚持稳中求进、循序渐进、持续推进。

——中国式现代化是全体人民共同富裕的现代化。共同富

---

① 习近平. 论把握新发展阶段、贯彻新发展理念、构建新发展格局 [M]. 北京：中央文献出版社，2021：9-10.

裕是中国特色社会主义的本质要求，也是一个长期的历史过程。我们坚持把实现人民对美好生活的向往作为现代化建设的出发点和落脚点，着力维护和促进社会公平正义，着力促进全体人民共同富裕，坚决防止两极分化。

　　——中国式现代化是物质文明和精神文明相协调的现代化。物质富足、精神富有是社会主义现代化的根本要求。物质贫困不是社会主义，精神贫乏也不是社会主义。我们不断厚植现代化的物质基础，不断夯实人民幸福生活的物质条件，同时大力发展社会主义先进文化，加强理想信念教育，传承中华文明，促进物的全面丰富和人的全面发展。

　　——中国式现代化是人与自然和谐共生的现代化。人与自然是生命共同体，无止境地向自然索取甚至破坏自然必然会遭到大自然的报复。我们坚持可持续发展，坚持节约优先、保护优先、自然恢复为主的方针，像保护眼睛一样保护自然和生态环境，坚定不移走生产发展、生活富裕、生态良好的文明发展道路，实现中华民族永续发展。

　　——中国式现代化是走和平发展道路的现代化。我国不走一些国家通过战争、殖民、掠夺等方式实现现代化的老路，那种损人利己、充满血腥罪恶的老路给广大发展中国家人民带来深重苦难。我们坚定站在历史正确的一边、站在人类文明进步的一边，高举和平、发展、合作、共赢旗帜，在坚定维护世界和平与发展中谋求自身发展，又以自身发展更好维护世界和平与发展。

　　中国式现代化的本质要求是：坚持中国共产党领导，坚持中国特色社会主义，实现高质量发展，发展全过程人民民主，丰富人民精神世界，实现全体人民共同富裕，促进人与自然和谐共生，推动构建人类命运共同体，创造人类文明新形态。"①

　　中国式现代化取得巨大成功的原因有很多，但其中关键的一条是中国共产党领导人高度重视科技在现代化进程中的地位与作用。20 世纪五六十年代，第三次科技革命引领了新一轮产业革命，科技日益成为生产力发展的决定性因素。面对科技革命浪潮下西方国家抢占科技制高点的趋势，以邓小平为主要代表的中国共产党领导人深刻地认识到加快科技进步的重要意义。1978 年 3 月，邓小平在全国科学大会开幕式发表讲话时指出："社会生产力有这样巨大的发展，劳动生产率有这样大幅度的提高，靠的是什么？最主要的是靠科学的力量、技术的力量。"②他论述了"科学技术是生产力"的问题，并做出"四个现代化的构想，关键是科学技术的现代化。没有现代科学技术，就不可能建设现代农业、现代工业、现代国防。没有科学技术的高速度发展，也就不可能有国民经济的高速度发展"③ 这一科学论断。从这一刻开始，科学技术被视为中国式现代化的战略支撑与重点突破口。1988 年 9 月，邓小平进一步提出"科学技术是第一生产力"④ 的重大论断。此后，将科学技术作为中国式现代化的重要内容与战略重点成为中共中央制定各项重大战略的出发点。20 世纪 90 年代中后期以来，科教兴国战略、建设创新型国家、实施创新驱动发展战略相继出台，并对社会主义现代化进程发挥了重大作用，产生了深远影响。2012 年党的十八大后，以习近平同志为核心的中国共产党领导集体对科技创新给予了更高程度的重视与支

---

① 习近平. 高举中国特色社会主义伟大旗帜　为全面建设社会主义现代化国家而团结奋斗——在中国共产党第二十次全国代表大会上的报告［M］. 北京：人民出版社，2022：22-24.

② 邓小平. 邓小平文选：第 2 卷［M］. 北京：人民出版社，1994：87.

③ 邓小平. 邓小平文选：第 2 卷［M］. 北京：人民出版社，1994：86.

④ 邓小平. 邓小平文选：第 3 卷［M］. 北京：人民出版社，1993：274.

持。与此同时，中国在科技创新领域取得了一系列重大突破，并在某些尖端技术领域获得了国际领先地位。在国家整体性的科技竞争实力大幅度提升的基础上，中国式现代化更是取得出乎意料的进展与成就。2016年5月，习近平总书记在全国科技创新大会、两院院士大会、中国科协第九次全国代表大会上发表题为《为建设世界科技强国而奋斗》的讲话。他说："历史经验表明，那些抓住科技革命机遇走向现代化的国家，都是科学基础雄厚的国家；那些抓住科技革命机遇成为世界强国的国家，都是在重要科技领域处于领先行列的国家。综合判断，我国已经成为具有重要影响力的科技大国，科技创新对经济社会发展的支撑和引领作用日益增强。同时，必须认识到，同建设世界科技强国的目标相比，我国发展还面临重大科技瓶颈，关键领域核心技术受制于人的格局没有从根本上改变，科技基础仍然薄弱，科技创新能力特别是原创能力还有很大差距。"① 认清现实、摆正位置，是更好推动我国科技事业继续取得成就的关键做法。科技进步与发展是一项系统工程，需要教育、人才、体制机制的综合配套。2022年10月，中共二十大报告将"实施科教兴国战略，强化现代化建设人才支撑"列为第五节，充分地显示了中共中央对科技、教育、人才问题的高度重视。报告强调："教育、科技、人才是全面建设社会主义现代化国家的基础性、战略性支撑。必须坚持科技是第一生产力、人才是第一资源、创新是第一动力，深入实施科教兴国战略、人才强国战略、创新驱动发展战略，开辟发展新领域新赛道，不断塑造发展新动能、新优势。"② 毫无疑问，"科技是第一生产力、人才是第一资源、创新是第一动力"重要论断将在以中国式现

① 中共中央文献研究室. 十八大以来重要文献选编：下 [M]. 北京：中央文献出版社，2018：332.

② 习近平. 高举中国特色社会主义伟大旗帜　为全面建设社会主义现代化国家而团结奋斗——在中国共产党第二十次全国代表大会上的报告 [M]. 北京：人民出版社，2022：33.

代化全面推进中华民族伟大复兴、实现第二个百年奋斗目标的过程中，产生更为强大的支撑力和助力。

中国式现代化所取得的巨大成就，意味着中国式现代化理论将产生巨大吸引力。对中国乃至整个世界来说，中国式现代化理论的提出都将发挥重大作用。首先，中国式现代化给出了解决传统的工业化模式弊端的答案。传统的工业化模式对资源的消耗、对环境的破坏带来了严重的消极后果，并且因工业化而导致全球范围国家之间的贫富差距，更是成为世界动荡不定的根源。为什么传统工业化道路不能再走下去了？习近平总书记回答道："主要依靠资源等要素投入推动经济增长和规模扩张的粗放型发展方式是不可持续的。现在，世界发达水平人口全部加起来是 10 亿人左右，而我国有 13 亿多人，全部进入现代化，那就意味着世界发达水平人口要翻一番多。不能想象我们能够以现有发达水平人口消耗资源的方式来生产生活，那全球现有资源都给我们也不够用！"[①] 其次，中国式现代化的核心在于创新。"老路走不通，新路在哪里？就在科技创新上，就在加快从要素驱动、投资规模驱动发展为主向以创新驱动发展为主的转变上。"[②] "创新是发展的不竭动力。"只有坚持创新发展，才能为不断提高生存力、竞争力和持续力提供第一动力。只有通过创新发展，才能找到不同于传统工业化的道路，真正实现发展与人口、资源、环境承载能力协调。再次，中国式现代化以共同富裕作为显著特征。传统工业化道路在大幅度取得物质增长的同时，往往也会带来严重的环境污染破坏与贫富两极分化的情况。历史经验表明，任何以环境资源、贫富分化为代价的发展最终都将导致社会动荡、不可持续的后果。

---

① 中共中央文献研究室．十八大以来重要文献选编：中［M］．北京：中央文献出版社，2016：20．

② 中共中央文献研究室．十八大以来重要文献选编：中［M］．北京：中央文献出版社，2016：20．

因此，只有以共同富裕为特征，在工业化过程中满足人们对美好生活的向往，既满足了人们对物质与经济条件的追求，也满足了他们对社会和谐秩序、完美人居环境的追求，才能使发展动力持续不竭，才能真正意义上称其为中国式现代化之实现。由此，实现中国式现代化的世界意义即在于"为人类实现现代化提供了新的选择""为解决人类面临的共同问题提供更多更好的中国智慧、中国方案、中国力量"。①

---

① 习近平. 高举中国特色社会主义伟大旗帜　为全面建设社会主义现代化国家而团结奋斗——在中国共产党第二十次全国代表大会上的报告［M］. 北京：人民出版社，2022：16.

总　结

关于中国共产党推进工业化战略的
经验与启示

2021 年 7 月 1 日，习近平总书记在庆祝中国共产党成立一百周年大会上发表讲话时强调："中国共产党一经诞生，就把为中国人民谋幸福、为中华民族谋复兴确立为自己的初心使命。一百年来，中国共产党团结带领中国人民进行的一切奋斗、一切牺牲、一切创造，归结起来就是一个主题：实现中华民族伟大复兴。"①

一百年来，实现中华民族伟大复兴的宏愿与建立富强民主文明和谐美丽的现代化强国梦想紧密契合。自新中国成立以来，以毛泽东为代表的中国共产党人为实现百年夙愿提出了国家工业化的基本战略，并对此进行了孜孜探索与实践。尤其是 1982 年邓小平提出"有中国特色的社会主义"后，工业化战略与中国现实国情结合得更加紧密，更加富有中国特色。至 2022 年中共二十大胜利召开，习近平总书记进一步全面系统地阐释了中国式现代化的内涵与特征。可以这样说，中国共产党领导带领中国人民在中国特色社会主义道路与中国式现代化的道路上奋进了整整四十年。历史与现实表明，这是一条经过实践检验的人间正道，也是实现中华民族伟大复兴的必由之路。

总结这一历程，实质上就是中国共产党人围绕着"什么是社会主

---

① 习近平谈治国理政：第 4 卷［M］．北京：外文出版社，2022：4.

义、怎样建设社会主义"这一首要的、基本的理论问题展开的。尽管以毛泽东为主要代表的中国共产党人也对此做过富有创见的思考，但从理论与实践相结合的层面来说，以邓小平为主要代表的中国共产党人既做了反思式提问，也给出了初步的创造性解答。其后，以江泽民、胡锦涛为主要代表的中国共产党人继续围绕首要的、基本的理论展开思考，并付出了艰苦且富有成效的探索。中共十八大以后，以习近平同志为核心的中国共产党领导人发展了重大理论创新成果——习近平新时代中国特色社会主义思想，从理论和实践结合上系统地回答了"新时代坚持和发展什么样的中国特色社会主义、怎样坚持和发展中国特色社会主义"这一重大时代课题，指引中国特色社会主义、中国式现代化取得了伟大胜利。

从 1952 年提出国家工业化战略至今，在七十年时间内，中国的社会主义工业化成就令世界震惊。总结关于中国共产党推进工业化战略的经验与启示，可以从五个主要方面获得：

一、从整个历史进程来说，坚持中国共产党的领导是战胜前进道路上的风险挑战，最终取得一切事业成功的根本保证。只有坚持中国共产党的领导，才能有实现一切目标必需的坚强的领导力量、持续的艰苦奋斗及一以贯之的毅力恒心。同理，中国社会主义工业化所取得的巨大成功，用了七十年时间就走完了西方国家数百年的工业化道路，正是基于中国共产党坚强的领导和坚定的毅力。

2014 年，习近平总书记指出："党是我们各项事业的领导核心，古人讲的'六合同风、九州共贯'，在当代中国，没有党的领导，这个是做不到的。"① 2019 年，习近平总书记强调："中国共产党领导是中国特色社会主义最本质的特征，是中国特色社会主义制度的最大优势，党

---

① 习近平. 毫不动摇坚持和加强党的全面领导 [J]. 求是，2021 (18).

是最高政治领导力量。"① 对于国家治理而言，像中国这样一个人口规模超大的国家，没有一个坚强的领导核心，就不可能将人民的力量凝聚起来，就不可能彻底改变"一盘散沙"的局面，也就不可能实现国家和人民由站起来、富起来到强起来的历史进程。中国共产党已经是一个拥有 9670 多万名党员、490 多万个基层党组织的超大规模马克思主义执政党。这些党员和组织在尖端科技研发、脱贫攻坚等方面做出了巨大的贡献，已经成为持续推动新型工业化、中国式现代化及国家与社会治理现代化的主导力量，"作为科技工作者，科技报国、创新为民是我们坚持不懈的动力和矢志不渝的目标"②。毫无疑问，中国特色社会主义制度的强大生命力、巨大优越性、高度执行力的集中体现在中国共产党的领导。

"为中国人民谋幸福、为中华民族谋复兴"是中国共产党人的初心与使命。中国共产党把实现人民对美好生活的向往作为一切工作的出发点与落脚点，新型工业化与中国式现代化的目标均朝此目标行进。中国式现代化是人口规模巨大的现代化，是为 14 亿多中国人民创造美好生活的现代化。我国人口规模远高于美国、英国、欧盟和日本的总和，面对特殊的国情实际，不断推进新型工业化、中国式现代化的进程，有巨大的难度与挑战。如何将难度转化为优势，将挑战转化为机遇，充分体现着中国共产党领导人与全党党员的能力与智慧。针对不同历史背景，中国共产党在坚持马克思主义的同时，不断结合现实国情与时代背景，创新发展了马克思主义理论，提出了具有强大引领能力的新理论、新思想、新理念、新战略，并"坚持不懈用这一创新理论武装头脑、指导

---

① 中共中央党史，文献研究院．十九大以来重要文献选编：中 [M]．北京：中央文献出版社，2021：272.

② 杨舒．把科技自立自强的责任扛在肩上——4 位优秀科技领域党员代表讲述初心使命 [N]．光明日报，2021-09-11 (3).

实践、推动工作，为新时代党和国家事业发展提供了根本遵循"①，最终有效地解决了现代化进程中出现的各种复杂、艰巨的问题。在中国共产党坚持不懈的努力下，新型工业化、中国式现代化既发挥人口的规模优势，坚持全国"一盘棋"，集中力量推进创造美好生活的实践；又注重解决区域、城乡、领域发展不平衡不充分带来的问题，不断深化改革，着力扬优势、补短板、强弱项，渐进持续地推进创造美好生活的实践。历史与现实已经证明，中国共产党的领导对于中华民族伟大复兴的事业不仅是必要条件，而且是最大的政治优势。

二、从对生产力与生产关系、基本经济原理与现实国情的认识角度来说，纵观社会主义工业化进程，中国共产党通过不断地实践、改革与探索，寻找到了一条适合中国国情的发展道路与工业化道路。只有立足于现实国情，充分认识到现实生产力水平，充分认识社会主义发展阶段性特征，才能持之以恒地走中国特色社会主义发展之路，并最终创造"地球上最大的政治奇迹与经济奇迹"。

在《〈政治经济学批判〉序言》中，马克思说："人们在自己生活的社会生产中发生一定的、必然的、不以他们的意志为转移的关系，即同他们的物质生产力的一定发展阶段相适合的生产关系。这些生产关系的总和构成社会的经济结构，即有法律的和政治的上层建筑竖立其上并有一定的社会意识形式与之相适应的现实基础。"② 中国共产党自成立以来，便把马克思主义作为指导思想，并使之贯穿于从新民主主义革命到社会主义革命与建设的整个历史活动中，贯穿于国家政治、经济与社

---

① 习近平. 高举中国特色社会主义伟大旗帜　为全面建设社会主义现代化国家而团结奋斗——在中国共产党第二十次全国代表大会上的报告 [M]. 北京：人民出版社，2022：6.

② 中共中央马克思恩格斯列宁斯大林著作编译局编译. 马克思恩格斯选集：第2卷 [M]. 北京：人民出版社，1995：32.

会各个领域。其中，对生产力与生产关系的思考、马克思主义政治经济学基本原理与现实国情的思考，始终是中国共产党全部经济工作的主线。

按照马克思主义的观点，任何生产方式的生产力和生产关系的结合，不只构成经济进程的基础，而且构成整个社会进程的基础。自新中国成立以来，中国共产党继承了这些理论观点，并在保持清醒认识、不懈实践探索的基础上，顺应时代发展趋势，进行了一系列伟大的理论创新。以毛泽东为主要代表的中国共产党人曾有过许多富有特色的、闪光的创见，但因偏离生产力决定生产关系、生产关系一定适应生产力的基本原理，致使中国社会主义现代化进程遭到了严重的挫折。改革开放以来，以邓小平为主要代表的中国共产党人以"解放思想、实事求是"为突破点，在总结历史经验与教训的基础上，客观准确地认识到现实生产力状况与现实国情，提出了建设"有中国特色的社会主义"的伟大理论和中国的社会主义处于"社会主义初级阶段"的重大判断，使人们重新认识了中国经济发展的现实状况，使国家的经济建设重新回到正确的轨道，也为中国特色社会主义事业确立了正确的方向。

中共十九大，以习近平同志为核心的中国共产党领导人对中国社会主义的发展阶段再次做出重大判断，"经过长期努力，中国特色社会主义进入了新时代，这是我国发展新的历史方位"，"这个新时代，是承前启后、继往开来、在新的历史条件下继续夺取中国特色社会主义伟大胜利的时代"。[①] 自十九大至二十大，中国共产党在更加客观准确地认识生产力发展状况与国情国力的基础上，精准施策，不断推动中国式现代化、新型工业化取得突破性进展，取得了前所未有的辉煌成就与"人间奇迹"。"五年来，我们党团结带领人民，攻克了许多长期没有解

[①]　中共中央党史，文献研究院. 十九大以来重要文献选编：上 [M]. 北京：中央文献出版社，2019：8-9.

决的难题，办成了许多事关长远的大事要事，推动党和国家事业取得举世瞩目的重大成就。"①

正如马克思说过的，"极为相似的事变发生在不同的历史环境中就引起了完全不同的结果"。② 历史与现实表明，只有遵循生产力决定生产关系、生产关系与生产力相适应这一基本原理，正确认识现实与国情，走中国特色的社会主义道路，走中国特色的现代化与工业化道路，才能实现国家的经济与社会长久发展，才能使社会主义事业进入更高级的阶段。"现在搞建设，要适合中国国情，走出一条中国式的现代化道路。"③ "不要离开现实和超越阶段采取一些'左'的办法，这样是搞不成社会主义的。"④ 这已经成为执政的中国共产党与中国人民的共识。

三、从解放思想与理论创新的角度上说，纵观中国社会主义工业化历程，中国共产党在总结经验的基础上，通过解放思想突破保守的观念，不断加深对改革与发展的认识，不断加深对工业化与现代化的认识。秉承实事求是的原则，一代代的中国共产党领导集体对马克思主义理论中国化、时代化有所继承、有所发展、有所创新，提出重大创新理论用以指导社会主义建设，并在实践探索过程中不断加以拓展深化，最终取得了伟大的成就。

自中国共产党成立以来，中国共产党之所以一步一步走向胜利、取得成功的重要原因，在于能够应时势"创造新局面的思想路线"⑤，"为

---

① 习近平．高举中国特色社会主义伟大旗帜　为全面建设社会主义现代化国家而团结奋斗——在中国共产党第二十次全国代表大会上的报告［M］．北京：人民出版社，2022：4.

② 中共中央马克思恩格斯列宁斯大林著作编译局编译．马克思恩格斯选集：第3卷［M］．北京：人民出版社，1995：342.

③ 邓小平．邓小平文选：第2卷［M］．北京：人民出版社，1994：163.

④ 邓小平．邓小平文选：第2卷［M］．北京：人民出版社，1994：312.

⑤ 毛泽东．毛泽东选集：第1卷［M］．北京：人民出版社1991：116.

着解决中国革命的理论问题和策略问题而去从它找立场，找观点，找方法的"。①　"解放思想，就是使思想和实际相符合，使主观和客观相符合，就是实事求是。"②

改革开放初期，邓小平提出："什么叫社会主义这个问题也要解放思想。经济长期处于停滞状态总不能叫社会主义。人民生活长期停止在很低的水平总不能叫社会主义。"③　自此，中国共产党人重新以解放思想的姿态深入思考社会主义建设与发展的问题，并通过全面深化改革完成了"改革也是革命"的理论论证，使解放思想与解放社会生产力建立起了紧密的、互为印证的关系。从重工业优先发展到农轻重共同发展，从工业化到新型工业，从四个现代化到中国式现代化，很显然，无一不是在解放思想与深刻认识社会主义阶段性特征之基础上，通过进一步创新理论、思想、理念而获得巨大成就的。

从社会主义工业化与中国式现代化进程的角度来说，重大创新集中表现在工业与农业关系、计划与市场关系的理解和认识两个方面。20世纪五六十年代，以毛泽东为主要代表的中国共产党人对工业与农业的关系曾经有过准确、全面的认识，"从长远观点来看，前一种办法会使重工业发展得少些和慢些，至少基础不那么稳固，几十年后算总账是划不来的。后一种办法会使重工业发展得多些和快些，而且由于保障了人民生活的需要，会使它发展的基础更加稳固"④。但遗憾的是，这一认识未能被坚持。改革开放以来，以邓小平为主要代表的中国共产党人强调"把农业和轻工业的发展放到了一个突出的位置"。随着社会生产力

---

① 毛泽东. 毛泽东选集：第3卷［M］. 北京：人民出版社，1991：801.
② 邓小平. 邓小平文选：第2卷［M］. 北京：人民出版社 1994：364.
③ 邓小平. 邓小平文选：第2卷［M］. 北京：人民出版社，1994：312.
④ 中共中央文献编辑委员会. 毛泽东著作选读：下册［M］. 北京：人民出版社，1986：797.

解放，中国社会主义工业化进程的重启与全面推进获得了坚实的基础。十八大之后，以习近平同志为主要代表的中国共产党人在中国新型工业化取得了巨大成就的基础上，高度重视农业农村现代化的问题，通过城乡协调发展、新型工业化与农业现代化同步发展等一系列战略，为新型工业化高质量发展奠定了坚实基础。对于计划与市场关系的理解，邓小平创造性提出了"市场经济不等于资本主义"的观点①，是那个时代中国共产党领导人思想解放与智慧的集中体现，也为其后社会主义市场经济体制的建立奠定了坚实的理论基础。改革开放四十多年以来，中国共产党为建立与完善社会主义市场经济体制付出了巨大努力。与此同时，中国社会主义市场经济创造了世界经济史上的"中国奇迹"。十八大之后，以习近平同志为主要代表的中国共产党人在"市场在资源配置中起决定性作用"与"更好发挥政府作用"之间实现了良性均衡，使中国社会主义市场经济体制进一步释放活力，新型工业化、中国式现代化进一步取得了前所未有的巨大成就。"我国经济实力实现历史性跃升。国内生产总值从五十四万亿元增长到一百一十四万亿元，我国经济总量占世界经济的比重达百分之十八点五，提高七点二个百分点，稳居世界第二位；人均国内生产总值从三万九千八百元增加到八万一千元。谷物总产量稳居世界首位，十四亿多人的粮食安全、能源安全得到有效保障。"②

四、从处理好对内制度创新与对外扩大开放关系的角度上说，社会主义市场经济体制是一个自我建设与自我完善的过程。在吸收借鉴外部经验的基础上，进行制度创新是激发社会主义经济体制持久活力的重要

---

① 邓小平. 邓小平文选：第 3 卷 [M]. 北京：人民出版社，1993：373.

② 习近平. 高举中国特色社会主义伟大旗帜 为全面建设社会主义现代化国家而团结奋斗——在中国共产党第二十次全国代表大会上的报告 [M]. 北京：人民出版社，2022：8.

来源。全球经济的一体化进程以不可阻挡的趋势将世界各国纳入其中。因此，在不断增强自身经济实力的基础上，扩大对外开放、加深对外交流程度是中国式现代化、新型工业化素质提升的必然要求。

在我国，市场经济体制与社会主义制度结合的历史充分表明，中国的社会主义经济发展道路是共性与个性相结合的过程。市场经济制度的共性表明，中国吸收借鉴世界先进国家市场经济发展经验，不断培育与发展自身的制度体系，才能增强与西方发达市场经济体进行竞争的能力。社会主义市场经济体制的个性则表明，中国已经探索出一条具有自身特色的经济发展道路，避免重走发达国家的老路。完善社会主义市场经济体制，就意味着必须对市场经济制度进行创新。

自新型工业化道路提出以来，一方面，中国采取在工业化进程中推进信息化，以信息化带动工业化、以工业化促进信息化的策略，发挥后发优势，聚焦尖端技术领域突破，进而实现社会生产力的跨越式发展。同时，对于发达国家实现工业化过程中出现的消耗能源、牺牲环境问题，充分吸取教训，避免重蹈覆辙。在推进新型工业化过程中，提前强调生态建设和环境保护，着力处理好经济发展与人口、资源、环境之间的关系；处理好资本技术密集型产业与劳动密集型产业的关系、高新技术产业与传统产业的关系、实体经济与虚拟经济的关系，在推进新型工业化的同时，通过城镇化、农业现代化同步发展方式，创造就业、扩大就业人群，避免大规模失业的现象。很明显，新型工业化道路是在总结世界各国工业化经验教训基础上，从我国国情出发，根据信息化时代实现工业化的要求和有利条件提出的，对于加快社会主义工业化和中国式现代化进程发挥着积极的推动作用。另一方面，强调创新是第一动力，不断以自我革命的姿态进行内部制度创新，"以巨大的政治勇气全面深化改革，打响改革攻坚战，加强改革顶层设计，敢于突进深水区，敢于啃硬骨头，敢于涉险滩，敢于面对新矛盾新挑战，冲破思想观念束缚，突破利益固化藩篱，坚决破除各方面体制机制弊端，各领域基础性制度框架基本建立，许多领域实现历史性变革、系统性重塑、整体性重构"①。

历史与现实证明，改革与开放是中国经济发展的巨大引擎，也是推动新型工业化的强大动力。坚持以完善社会主义市场经济体制为目标，继续推进市场取向的改革。只有健全市场体系，整顿和规范市场经济秩序，才能形成有利于新型工业化、中国式现代化的宏观环境。同时，必须加快适应经济全球化趋势，在更大范围、更广领域、更高层次上积极参与国际经济技术合作和竞争，"实行更加积极主动的开放战略"，"形成更大范围、更宽领域、更深层次对外开放格局"。② 对外开放不仅仅是"引进来"，同时还要坚决地"走出去"。鼓励和支持有条件的企业走出去，更好地利用"两个市场、两种资源"，拓宽工业化、现代化和优化资源配置的空间，增强我国经济的国际竞争力。科技进步和创新是实现新型工业化、中国式现代化的决定性因素。没有核心技术，将严重削弱经济影响力与国家经济安全。只有通过创新，力争在关键领域拥有一批自主知识产权，以打破西方国家的技术封锁与技术垄断，从而保证中国不会在世界科技革命潮流中落伍，并具备进一步参与竞争、确保优势的基础和能力。

五、从处理好实干与争论的关系角度上说，中国特色社会主义事业是一场前无古人的改革与探索。新中国成立以来，尤其是改革开放以来取得的巨大成就，已经通过实践证明了中国特色社会主义理论与中国特

---

① 习近平. 高举中国特色社会主义伟大旗帜　为全面建设社会主义现代化国家而团结奋斗——在中国共产党第二十次全国代表大会上的报告［M］. 北京：人民出版社，2022：9.

② 习近平. 高举中国特色社会主义伟大旗帜　为全面建设社会主义现代化国家而团结奋斗——在中国共产党第二十次全国代表大会上的报告［M］. 北京：人民出版社，2022：9.

色社会主义道路的正确性。按照正确方向与既定方针，坚定不移地走改革开放与社会主义经济建设道路，踏踏实实地"聚精会神搞建设，一心一意谋发展"，减少不必要的无谓争论，才能保证新型工业化、中国式现代化以及整个社会主义建设事业持续取得辉煌业绩。

"聚精会神搞建设，一心一意谋发展"，这是中国共产党领导人从社会主义建设历程中得出的一个重要结论。20 世纪八九十年代，邓小平、李先念等中国共产党领导人多次表达了"实干"思想。"人民希望我们的国家快一点发展起来，很快实现工业现代化、农业现代化、国防现代化、科学技术现代化。但是，人民还有一个心情，而且这个心情可能还超过前一个心情，就是再不要折腾。"① "不搞争论，是我的一个发明。不争论，是为了争取时间干。一争论就复杂了，把时间都争掉了，什么也干不成，不争论，大胆地试，大胆地闯。农村改革是如此，城市改革也应如此。"② "不搞争论"并不是反对有益的辩论，而是反对无谓的、空洞的争论。面对层出不穷的新问题，只有用实践来检验，才能坚持和发展真理，只有让事实说话，才能使观念得到更新。"当然，随着实践发展，该完善的完善，该修补的修补，但总的要坚定不移。"③

自社会主义市场经济体制确立以来，在一系列的改革重大问题上，中国共产党领导人和全党上下保持了高度一致，这使得改革不断向前推进有了重要的政治保证。"只要我们不动摇、不懈怠、不折腾，坚定不移地推进改革开放，坚定不移地走中国特色社会主义道路，就一定能够胜利实现这一宏伟蓝图和奋斗目标。"④ 中国在社会主义经济发展、新

① 高远戎，刘学礼. 李先念：共和国二十六年的副总理——纪念李先念诞辰一百周年访谈录［EB/OL］. 中国共产党新闻网，2009-07-16.
② 邓小平. 邓小平文选：第 3 卷［M］. 北京：人民出版社，1993：374.
③ 邓小平. 邓小平文选：第 3 卷［M］. 北京：人民出版社，1993：371.
④ 胡锦涛同志在纪念党的十一届三中全会召开 30 周年大会的讲话［N］. 人民日报，2008-12-18.

型工业化与中国式现代化进程中取得的巨大成就，足以表明这个"不争论"方针是正确的。十八大后，以习近平同志为主要代表的中国共产党人继续秉承"求真务实、创业实干、久久为功"理念，坚持四个自信，继续推动中国特色社会主义在新时代取得更大业绩。"我们的所有成就，都是干出来的。这里的关键，就是始终注重抓落实。如果落实工作抓得不好，再好的方针、政策、措施也会落空，再伟大的目标任务也实现不了。"① 中共二十大，习近平总书记再次强调，"牢记空谈误国、实干兴邦，坚定信心、同心同德，埋头苦干、奋勇前进，为全面建设社会主义现代化国家、全面推进中华民族伟大复兴而团结奋斗！"② 坚持正确的发展方向，解放思想、迈开步子，突破旧有体制的障碍，不断全面深化改革，这是中国特色社会主义道路所得出的成功经验。中国特色社会主义的巨大成功，不仅向国人展示了社会主义道路的正确，而且向世界展示了一个新兴大国的和平形象与强大影响力。美国前总统经济顾问、经济学家约翰·拉特里奇评论说："中国令人震惊的经济增长幅度史无前例，中国以独特的方式在政治、经济、文化等各个领域改变了世界。"③

① 习近平在中央党校春季学期开学典礼上的讲话［EB/OL］. 中新社，2011-03-01.
② 习近平. 高举中国特色社会主义伟大旗帜 为全面建设社会主义现代化国家而团结奋斗——在中国共产党第二十次全国代表大会上的报告［M］. 北京：人民出版社，2022：71.
③ 刘海燕，欧阳为. 海内外人士热议中国改革开放40年［EB/OL］. 新华网，2018-04-13.

参考文献

一、经典著作类

［1］马克思恩格斯选集：第1-3卷［M］.北京：人民出版社，1995.

［2］马克思恩格斯全集：第44卷［M］.北京：人民出版社，2001.

［3］斯大林选集：上卷［M］.北京：人民出版社，1979.

［4］孙中山全集：第5卷［M］.北京：中华书局，1986.

［5］孙中山全集：第10卷［M］.北京：中华书局，1986.

［6］孙中山选集：上卷［M］.北京：人民出版社，1981.

［7］陈独秀文章选编：中册［M］.北京：三联书店，1984.

［8］陈独秀著作选编：第3卷［M］.上海：上海人民出版社，1993.

［9］李大钊全集：第3卷［M］.北京，人民出版社，2006.

［10］毛泽东选集：第1-4卷［M］.北京：人民出版社，1991.

［11］毛泽东文集：第1卷［M］.北京：人民出版社，1993.

［12］毛泽东文集：第5卷［M］.北京：人民出版社，1996.

［13］毛泽东文集：第6-8卷［M］.北京：人民出版社，1999.

［14］毛泽东年谱（1949—1976）：第一卷［M］.北京：中央文献出版社，2013.

［15］毛泽东年谱（1949—1976）：第三卷［M］. 北京：人民出版社，1982.

［16］毛泽东经济年谱［M］. 北京：中共中央党校出版社，1993.

［17］毛泽东著作选读：下册［M］. 北京：人民出版社，1986.

［18］毛泽东军事文集：第 6 卷［M］. 北京：中央文献出版社，1993.

［19］建国以来毛泽东文稿：第 2 册［M］. 北京：中央文献出版社，1988.

［20］建国以来毛泽东文稿：第 9 册［M］. 北京：中央文献出版社，1996.

［21］建国以来毛泽东文稿：第 5 册［M］. 北京：中央文献出版社，1991.

［22］建国以来毛泽东文稿：第 10 册［M］. 北京：中央文献出版社，1996.

［23］建国以来毛泽东文稿：第 7 册［M］. 北京：中央文献出版社，1992.

［24］周恩来选集：下卷［M］. 北京：人民出版社，1980.

［25］周恩来经济文选［M］. 北京：中央文献出版社，1993.

［26］朱德军事文选［M］. 北京：解放军出版社，1997.

［27］朱德年谱［M］. 北京：人民出版社，1986.

［28］刘少奇选集：上卷［M］. 北京：人民出版社，1981.

［29］刘少奇选集：下卷［M］. 北京：人民出版社，1985.

［30］刘少奇论新中国经济建设［M］. 北京：中央文献出版社，1993.

［31］瞿秋白文集：第 1 册［M］．北京：人民文学出版社，1953．

［32］蔡和森文集：上［M］．长沙：湖南人民出版社，1980．

［33］蔡和森文集：下［M］．长沙：湖南人民出版社，1980．

［34］李维汉选集［M］．北京：中央文献出版社，1987．

［35］张闻天文集：第 1 卷［M］．北京：中共党史出版社，2012．

［36］张闻天选集［M］．北京：人民出版社，1985．

［37］邓小平文选：第 1-2 卷［M］．北京：人民出版社，1994．

［38］邓小平文选：第 3 卷［M］．北京：人民出版社，1993．

［39］陈云文选：第 3 卷［M］．北京：人民出版社，1995．

［40］陈云文集：第 3 卷［M］．北京：中央文献出版社，2005．

［41］陈云文稿选编（1949—1956）［M］．北京：人民出版社，1982．

［42］陈云年谱（1905—1995）：上卷［M］．北京：中央文献出版社，2000．

［43］薄一波．若干重大决策与事件的回顾：下卷［M］．北京：中共中央党校出版社，1993．

［44］薄一波．若干重大决策与事件的回顾：第 2 卷［M］．北京：中共党史出版社，1991．

［45］李先念论财政金融贸易：下卷［M］．北京：中国财政经济出版社，1992．

［46］聂荣臻回忆录［M］．北京：解放军出版社，2007．

［47］胡乔木．胡乔木回忆毛泽东［M］．北京：人民出版社，1994．

［48］江泽民文选：第 1 卷［M］．北京：人民出版社，2006．

［49］江泽民文选：第 3 卷［M］．北京：人民出版社，2006．

［50］胡锦涛文选：第 2 卷［M］．北京：人民出版社，2016．

[51] 习近平谈治国理政：第 2 卷 [M]. 北京：外文出版社，2017.

[52] 习近平谈治国理政：第 3 卷 [M]. 北京：外文出版社，2020.

[53] 习近平谈治国理政：第 4 卷 [M]. 北京：外文出版社，2022.

[54] 习近平. 高举中国特色社会主义伟大旗帜，为全面建设社会主义现代化国家而团结奋斗——在中国共产党第二十次全国代表大会上的报告 [M]. 北京：人民出版社，2022.

[55] 习近平. 论中国共产党历史 [M]. 北京：中央文献出版社，2021.

[56] 习近平. 论把握新发展阶段、贯彻新发展理念、构建新发展格局 [M]. 北京：中央文献出版社，2021.

[57] 习近平. 深入理解新发展理念 [J]. 求是，2019（10）.

[58] 习近平. 毫不动摇坚持和加强党的全面领导 [J]. 求是，2021（18）.

[59] 中共中央文献研究室. 缅怀毛泽东 [M]. 北京：中央文献出版社，1993.

[60] 建党以来重要文献选编（1921—1949）：第一册 [M]. 北京：中央文献出版社，2011.

[61] 建党以来重要文献选编（1921—1949）：第二册 [M]. 北京：中央文献出版社，2011.

[62] 建党以来重要文献选编（1921—1949）：第四册 [M]. 北京：中央文献出版社，2011.

[63] 十三大以来重要文献选编 [M]. 北京：人民出版社，1991.

[64] 十六大以来重要文献选编：上 [M]. 北京：中央文献出版社，2011.

［65］十八大以来重要文献选编：上［M］. 北京：中央文献出版社，2014.

［66］十八大以来重要文献选编：中［M］. 北京：中央文献出版社，2016.

［67］十八大以来重要文献选编：下［M］. 北京：中央文献出版社，2018.

［68］十九大以来重要文献选编：上［M］. 北京：中央文献出版社，2019.

［69］十九大以来重要文献选编：中［M］. 北京：中央文献出版社，2021.

［70］建国以来重要文件选编：第 19 册［M］. 北京：中央文献出版社，2011.

［71］中国共产党第二次全国代表大会档案文献选编［M］. 北京：中共党史出版社，2014.

［72］中国共产党第十七次全国代表大会文件汇编［M］. 北京：人民出版社，2007.

［73］改革开放三十年重要文献选编：上［M］. 北京：中央文献出版社，2008.

［74］农业集体化重要文件汇编（1949—1957）［M］. 北京：中共中央党校出版社，1981.

［75］胡绳. 中国共产党的七十年［M］. 北京：中共党史出版社，1991.

［76］中国共产党历史：第二卷：上卷［M］. 北京：中共党史出版社，2011.

[77] 中国共产党简史 [M]. 北京：人民出版社，2021.

[78] 中共中央在西柏坡 [M]. 北京：海天出版社，1998.

二、学术著作类

[1] 汤志均. 康有为政论集 [M]. 北京：中华书局，1998.

[2] 芮玛丽. 同治中兴：中国保守主义的最后抵抗（1862—1874）[M]. 房德邻，郑师渠，等译. 北京：中国社会科学出版社，2002.

[3] 梁启超. 饮冰室合集·文集之一 [M]. 北京：中华书局，1989.

[4] 亚当·斯密. 国富论 [M]. 严复，译. 北京：商务印书馆，1981.

[5] 孙中山. 实业计划（英汉对照）[M]. 北京：外语教学与研究出版社，2011.

[6] 张之洞. 张文襄公全集：卷十一 [M]. 北京：中国书店，1990.

[7] 刘锦藻. 清朝续文献通考：卷六十八 [M]. 北京：商务印书馆，1955.

[8] 加藤繁. 中国经济史考证：卷三 [M]. 台北：华世出版社，1981.

[9] 汪敬虞. 中国近代经济史（1895—1927）[M]. 北京：人民出版社，2000.

[10] 杨荫溥. 民国财政史 [M]. 北京：中国财政经济出版社，1985.

[11] 张玉法. 中华民国史稿 [M]. 修订版. 台北：联经出版

社，2000.

[12] 埃德加·斯诺. 西行漫记 [M]. 董乐山，译. 北京：东方出版社，2005.

[13] 星光，张杨. 抗日战争时期陕甘宁边区财政经济史稿 [M]. 西安：西北大学出版社，1992.

[14] 施兰 (Peter Schran). 游击经济 (Guerrilla Economy)：陕甘宁边区的发展 (1937—1945) [M]. 纽约：纽约州立大学出版社 (State University of New York Press)，1976.

[15] 金冲及，等. 朱德传 [M]. 北京：中央文献出版社，2000.

[16] 阎庆生，黄正林. 陕甘宁边区经济史研究 [M]. 兰州：甘肃人民出版社，2002.

[17] 刘大中，叶孔嘉. 中国大陆的经济 1933—1959 [M]. 普林斯顿：普林斯顿大学出版社，1965.

[18] 中国人民大学政治经济学系. 中国近代经济史：下册 [M]. 北京：人民出版社，1978.

[19] 汪海波. 新中国工业经济史 [M]. 北京：经济管理出版社，1994.

[20] 本杰明·史华兹. 寻求富强：严复与西方 [M]. 叶凤美，译. 南京：江苏人民出版社，1996.

[21] 中村哲. 东亚近代史理论的再探讨 [M]. 陈应年，等译. 北京：商务印书馆，2002.

[22] 杨天石. 寻找真实的蒋介石：蒋介石日记解读（二）[M]. 北京：三联书店有限公司，2010.

[23] 董志凯. 1949—1952 年中国经济分析 [M]. 北京：中国社会

科学出版社，1996.

[24] 于滔. 中国近代金融史 ［M］. 北京：中国金融出版社，1985.

[25] 陶文钊，牛军. 美国对华政策文件集（1949—1972）：第一卷 ［M］. 北京：世界知识出版社，2003.

[26] 有林. 客观、全面、本质地看问题 ［M］//中国社会科学院编. 纪念毛泽东同志诞辰 120 周年理论研讨会论文集（内部刊行），2013.

[27] 董辅礽. 中华人民共和国经济史：上卷 ［M］. 北京：经济科学出版社，1999.

[28] 亚历山大·格申克龙. 经济落后的历史透视 ［M］. 张凤林，译. 北京：商务印书馆，2009.

[29] 吴冷西. 十年论战：中苏关系回忆录（1956—1966）［M］. 北京：中央文献出版社，1999.

[30] 李澂. 农业剩余与工业化资本积累 ［M］. 昆明：云南人民出版社，1993.

[31] ［美］黄宗智. 长江三角洲的小农家庭和乡村发展 ［M］. 北京：中华书局，1992.

[32] 董辅礽. 中华人民共和国经济史：下卷 ［M］. 北京：经济科学出版社，1999.

三、档案资料类

[1] 中国统计年鉴（1999）［M］. 北京：中国统计出版社，2000.

[2] 国家统计局. 新中国五十年 ［M］. 北京：中国统计出版社，1999.

［3］中华人民共和国国史百科全书（1949—1999）［M］. 北京：中国大百科全书出版社，1999.

［4］1950—1985 年中国财政统计［M］. 北京：中国财政经济出版社，1987.

［5］中国统计摘要（1987）［M］. 北京：中国统计出版社，1987.

［6］国家统计局. 辉煌的三十五年［M］. 北京：中国统计出版社，1984.

［7］国家统计局. 中国统计年鉴（1983）［M］. 北京：中国统计出版社，1983.

［8］中共珠海市委党史研究室. 中国经济特区的建立与发展：珠海卷［M］. 北京：中共党史出版社，1996.

［9］王振川. 中国改革开放新时期年鉴（1978）［M］. 北京：中国民主法制出版社，2015.

［10］国务院研究院编写组. 十三届全国人大五次会议《政府工作报告》辅导读本［M］. 北京：人民出版社，2022.

［11］全国政协社会和法制委员会，中国社会科学院. 统筹经济社会发展研讨会论文汇编［M］. 北京：内部出版，2005.

［12］中国社会科学院，中央档案馆. 中华人民共和国经济档案资料选编（1949—1952）：工业卷［M］. 北京：中国物资出版社，1996.

［13］吴东才，张义和. 华北解放区军工史料［M］. 北京：中国兵器工业总公司，1994.

［14］魏建国. 瓦窑堡时期中央文献选编［M］. 北京：东方出版社，2012.

［15］中国人民大学中共党史系资料室. 中共党史教学参考资料

（抗日战争时期）：中［M］.北京：中国人民大学出版社，1979.

［16］严中平，等.中国近代经济史统计资料选辑［M］.北京：科学出版社，1955.

［17］龚俊.中国新工业发展史大纲［M］.北京：商务印书馆，1933.

［18］刘国光，等.中华人民共和国经济档案资料选编（1953—1957）：工业卷［M］.北京：中国物价出版社，1998.

［19］许毅.中央革命根据地财政经济史长编：上册［M］.北京：人民出版社，1982.

［20］华北人民政府公营企业部.为抽调大批干部和工人骨干做好新解放城市公营接收准备的紧急联合指示［A］.长治：长治市档案馆，1948.

［21］太行铁业促进会.经理会议有关各厂之决议及备忘事件［A］.长治：长治市档案馆，1946.

［22］晋冀鲁豫财办兵工处关于兵工生产的报告（1947年11月20日）［M］//中国近代兵器工业档案史料（四）.北京：兵器工业出版社，1993.

［23］山东省军工史资料征集委员会办公室.山东人民军工史资料（初稿）1937—1949：上册［M］.济南：山东人民出版社，1988.

［24］陕甘宁边区兵工发展简史［M］.北京：中国学术出版社，1984.

四、学术刊物类

［1］郭松义.明清时期的粮食生产与农民生活水平［J］.中国社会

科学院历史研究所集刊，2001（1）.

[2] 周育民. 19 世纪 60—90 年代清朝财政结构的变动 [J]. 上海师范大学学报（哲学社会科学版），2000（4）.

[3] 付志宇，缪德纲. 太平天国运动时期清政府财政危机与财政对策探析 [J]. 贵州社会科学，2007（9）.

[4] 郭松义. 明清时期的粮食生产与农民生活水平 [J]. 中国社会科学院历史研究所集刊，2001（1）.

[5] 于智伟. 张之洞近代工业"大帅" [J]. 现代工业经济和信息化，2012（23）.

[6] 徐豪. 历时 10 年 60 万人参与抗战损失大调查 [J]. 中国经济周刊，2015（34）.

[7] 陶文钊. 1946 年《中美商约》：战后美国对华政策中经济因素个案研究 [J]. 近代史研究，1993（2）.

[8] 刘戒骄，孙琴. 中国工业化百年回顾与展望：中国共产党的工业化战略 [J]. 中国经济学人（英文版），2021，16（5）.

[9] 吴起民. 李大钊对中国社会主义工业化问题的理论探索 [J]. 北京党史，2022（1）.

[10] 方小教. 陈独秀经济思想之轮廓 [J]. 安徽史学，1998（1）.

[11] 孔繁坚. 瞿秋白的祖国工业化理论概述 [J]. 上海经济研究，1986（6）.

[12] 朱佳木. 毛泽东与中国工业化 [J]. 毛泽东邓小平理论研究，2013（8）.

[13] 石建国. 中国共产党矢志现代化强国的百年历程及其启示 [J]. 邓小平研究，2021（5）.

[14] 杨菁. 试析中央革命根据地的财政收入政策 [J]. 党史研究与教学, 2002 (4).

[15] 余伯流. 中央苏区经济建设的历史经验及其启示 [J]. 江西财经大学学报, 2008 (3).

[16] 李芳. 知识分子与抗战时期陕甘宁边区的工业建设 [J]. 长江大学学报 (社会科学版), 2007 (4).

[17] 李强. 陕甘宁边区军事工业的建立与发展 [J]. 国防科技工业, 2005 (7).

[18] 谢伏瞻. 在把握历史发展规律和大势中引领时代前行——为中国共产党成立一百周年而作 [J]. 中国社会科学, 2021 (6).

[19] 涂克明. 国营经济的建立及其在建国初期的巨大作用 [J]. 中共党史研究, 1995 (2).

[20] 宋毅军. 邓小平在三线建设战略决策的前前后后 (上) [J]. 党史文苑, 2014 (15).

[21] 袁德金. 论新中国成立后毛泽东战争与和平理论的演变 [J]. 军事历史, 1994 (4).

[22] 黄群慧. 改革开放 40 年中国的产业发展与工业化进程 [J]. 中国工业经济, 2018 (9).

[23] 陈健, 郭冠清. 政府与市场：对中国改革开放后工业化过程的回顾 [J]. 经济与管理评论, 2021, 37 (3).

[24] 张浩波. 回忆陈云决策宝钢 [J]. 党的文献, 2015.

[25] 中华人民共和国 2005 年国民经济和社会发展统计公报 [J]. 中国统计, 2006 (3).

[26] 中华人民共和国 2019 年国民经济和社会发展统计公报 [J].

中国统计，2020（3）.

[27] 周民良. 稳定提升制造业核心竞争力要立新功 [J]. 中国发展观察，2021（24）.

[28] 付保宗. 新时代赋予新型工业化新内涵、新使命 [J]. 中国发展观察，2022（5）.

[29] 林毅夫. 新形势新阶段新格局下我国产业政策导向分析 [J]. 中国服务贸易协会，2022.

[30] 关于设立国民经济部 [J]. 红色中华，1933.

[31] 肖戈. 宝钢上海"投胎"记 [J]. 国企，2010（12）.

[32] 新基建，是什么？ [J]. 瞭望东方周刊，2020（9）.

五、新闻报纸类

[1] 边区工业的发展 [N]. 解放日报，1944-05-26（1）.

[2] 发展工业打倒日寇 [N]. 解放日报，1944-05-26（1）.

[3] 胡锦涛同志在纪念党的十一届三中全会召开30周年大会的讲话 [N]. 人民日报，2008-12-18.

[4] 姜辉，龚云. 论中华人民共和国成立的伟大历史意义 [N]. 光明日报，2019-05-29（11）.

[5] 苏联最高苏维埃举行庆祝大会 [N]. 人民日报，1957-11-07（1）.

[6] 乘风破浪 [N]. 人民日报，1958-06-21.

[7] 力争高速度 [N]. 人民日报，1958-06-21.

[8] 1966年："文化大革命"十年内乱开始 [N]. 光明日报，2019-09-28（3）.

［9］李文. 高度评价改革开放前工业化基础［N］. 中国社会科学报, 2019-11-04（5）.

［10］邓小平与宝钢建设［N］. 宝钢日报, 2014-08-23（1）.

［11］习近平. 创新增长路径　共享发展成果——在二十国集团领导人第十次峰会第一阶段会议上关于世界经济形势的发言（2015年11月15日, 安塔利亚）［N］. 人民日报, 2015-11-16.

［12］刘元春. 我国基尼系数改变了过去的上升趋势［N］. 人民日报, 2022-11-11（9）.

［13］时不我待：推动高质量发展, 建功新时代新征程［N］. 长江日报, 2021-11-18（3）.

［14］许召元. 三大原因推动制造业核心竞争力近十年不断提升［N］. 中国经济时报, 2022-06-08（1）.

［15］习近平接见二〇一七年度驻外使节工作会议与会使节并发表重要讲话［N］. 人民日报, 2017-12-29（1）.

［16］携手共命运　同心促发展——习近平在2018年中非合作论坛北京峰会开幕式上的主旨讲话［N］. 人民日报, 2018-09-04（2）.

［17］二〇二二全球政府信任度排行榜　中国继续稳居榜首［N］. 人民日报（海外版）, 2022-02-11.

［18］习近平在中共中央政治局第九次集体学习时强调　敏锐把握世界科技创新发展趋势　切实把创新驱动发展战略实施好［N］. 人民日报, 2013-10-02.

［19］习近平回信勉励中国航空工业集团沈飞"罗阳青年突击队"队员［N］. 人民日报, 2022-11-14.

［20］习近平在会见探月工程嫦娥四号任务参研参试人员代表时强

调 为实现我国探月工程目标乘胜前进 为推动世界航天事业发展继续努力 [N]. 中国日报, 2019-02-20.

[21] 温家宝. 为推进农村小康建设而奋斗 [N]. 人民日报, 2003-02-08 (2).

[22] 中共中央国务院关于深入推进农业供给侧结构性改革加快培育农业农村发展新动能的若干意见 [N]. 人民日报, 2017-02-06 (1).

[23] 黄群慧. 推进"新四化"同步实现 建成现代化经济体系 [N]. 光明日报, 2020-11-24 (11).

[24] 把科技自立自强的责任扛在肩上——4位优秀科技领域党员代表讲述初心使命 [N]. 光明日报, 2021-09-11 (3).

六、网络资料类

[1] 习近平在纪念中国人民志愿军抗美援朝出国作战70周年大会上的讲话 [EB/OL]. 新华社, 2020-10-23.

[2] 习近平强调自主创新：要有骨气和志气, 加快增强自主创新能力和实力 [EB/OL]. 新华社, 2018-10-23.

[3] 习近平在网络安全和信息化工作座谈会上的讲话（2016年4月19日） [EB/OL]. 新华社, 2016-04-25.

[4] 习近平在中央党校春季学期开学典礼上的讲话 [EB/OL]. 中共中央党校网, 2011-03-14.

[5] 坚定改革开放再出发的信念——纪念《实践是检验真理的唯一标准》刊发四十周年 [EB/OL]. 新华网, 2018-05-24.

[6] 重新确立实事求是的思想路线 [EB/OL]. 澎湃新闻, 2021-05-14.

［7］徐庆全. 邓小平谈成立宝钢：宝钢议论多　我们不后悔［EB/OL］. 新华网，2010-11-08.

［8］世界钢铁统计数据2022［EB/OL］. 世界钢铁协会，2022-06-08.

［9］专访《美国陷阱》作者：孟晚舟获得了国家鼎力支持，而我没有［EB/OL］. 直新闻，2021-10-02.

［10］我国设立先进制造业产业投资基金［EB/OL］. 中国财政学会网，2021-04-29.

［11］协同推进新冠肺炎防控科研攻关　为打赢疫情防控阻击战提供科技支撑［EB/OL］. 新华社，2020-03-02.

［12］我国重提科研举国体制　拟实现16个重大项目突破［EB/OL］. 新华网，2010-06-02.

［13］美国"工业互联网"的发展及对我国的启示［EB/OL］. 中国轻工业网，2021-12-08.

［14］史丹. 新发展阶段走好新型工业化之路［EB/OL］. 中国经济网，2021-04-10.

［15］住建部：2021年我国常住人口城镇化率达到64.72%［EB/OL］. 中国新闻网，2022-09-14.

［16］高远戎，刘学礼. 李先念：共和国二十六年的副总理——纪念李先念诞辰一百周年访谈录［EB/OL］. 中国共产党新闻网，2009-07-16.

［17］海内外人士热议中国改革开放40年［EB/OL］. 新华网，2018-04-13.

［18］东亚经济发展报告［EB/OL］. 世界银行，2006.

［19］王毅在欧洲智库媒体交流会上发表演讲［EB/OL］. 中国政

府网，2019-12-17.

[20] 国务院印发《"十三五"国家科技创新规划》[EB/OL]. 中国政府网，2016-08-08.

[21] 习言道|"让广大农民生活芝麻开花节节高"[EB/OL]. 光明网，2022-09-23.